PATRICIA W. O'CONNOR

MUJERES SOBRE MUJERES
TEATRO BREVE ESPAÑOL

ONE-ACT SPANISH PLAYS
BY WOMEN ABOUT WOMEN

Serie teatro

Editorial Fundamentos está orgullosa de contribuir con más del 0,7% de sus ingresos a paliar el desequilibrio frente a los Países en Vías de Desarrollo y a fomentar el respeto a los Derechos Humanos a través de diversas ONGs.

Este libro ha sido impreso en papel ecológico en cuya elaboración no se ha utilizado cloro gas.

Traducción: Patricia W. O'Connor

Para la representación de una obra es imprescindible la previa autorización de la autora. Los interesados deberán ponerse en contacto con el delegado de la Sociedad General de Autores de España; calle Fernando VI, 4; 28004 Madrid. Fax: 91 308 30 61.

For performance, previous permission of the author is obligatory. Inquiries should be addressed to the Spanish Authors' Society: Sociedad General de Autores de España; calle Fernando VI, 4; 28004 Madrid. Fax: 91 308 30 61; and/or to the translator: Prof. Patricia W. O'Connor; Dept. of Romance Languages and Literatures; University of Cincinnati; Cincinnati, OHIO 45221. ☎ (513) 556 1841. Fax: (513) 556 2577. E-mail: pat.oconnor@uc.edu

© Patricia W. O'Connor, 1998
  Editorial Fundamentos
  En la lengua española para todos los países
  Caracas, 15. 28010 Madrid. ☎ 91 319 96 19
  e-mail: fundamentos@editorialfundamentos.es
  http://www.editorialfundamentos.es

Primera edición, 1998
Segunda edición, 2006

ISBN: 84-245-0791-6
Depósito Legal: M-10.758-2006
Impreso en España. Printed in Spain

Composición Francisco Arellano. Asterisco
Impreso por Omagraf, S. L.

Cubierta: Cao + Gauli

SOBRE LA AUTORA

PATRICIA W. O'CONNOR, titular de la cátedra Charles Phelps Taft de la Universidad de Cincinnati, ha ganado varios premios por su investigación, es Correspondiente de la Real Academia Española de la Lengua y en 1997 fue

nombrada "Graduada de mayor éxito" por la Universidad de Florida, su *alma mater*. Tiene un interés especial por la traducción teatral y ha publicado en inglés obras de Antonio Buero Vallejo, Ana Diosdado, Jaime Salom, Carlos Muñiz, Antonio Gala, Miguel Mihura, Eduardo Quiles, Manuel Martínez Mediero y Juan Antonio Castro. Entre sus trece libros destacan: *Antonio Buero Vallejo en sus espejos* (Fundamentos, 1996), *Plays of the New Democratic Spain* (University Press of America, 1992) y *Dramaturgas españolas de hoy* (Fundamentos, segunda edición, 1997). En sus ratos libres le gusta jugar al tenis y tocar el piano.

ABOUT THE AUTHOR

PATRICIA W. O'CONNOR, Charles Phelps Taft Professor of Romance Languages and Literatures at the University of Cincinnati, has won various awards for her research, is Corresponding Member of the Royal Spanish Academy and in 1997 was named an "Alumna of Achievement" by her alma mater, the University of Florida. She has a special interest in play translation and has published in English plays by Antonio Buero Vallejo, Jaime Salom, Ana Diosdado, Carlos Muñiz, Antonio Gala, Miguel Mihura, Eduardo Quiles, Manuel Martínez Mediero and Juan Antonio Castro. Of particular interest among her thirteen books are: *Antonio Buero Vallejo en sus espejos* (Fundamentos, 1996), *Plays of the New Democratic Spain* (University Press of America, 1992) and *Dramaturgas españolas de hoy* (Fundamentos, second edition, 1997). She relaxes playing tennis as well as playing the piano.

ÍNDICE / CONTENTS

Este libro está cariñosamente dedicado a mis amigas de toda la vida, Amélie, June, Marcie y Nelda, con la esperanza de que ellas, y todo un público nuevo, compartan mi entusiasmo por el estilo y el espíritu de estas voces femeninas tan de nuestro tiempo.

This book is affectionately dedicated to my forever friends, Amélie, June, Marcie and Nelda, with the hope that they, and a whole new audience, will share my enthusiasm for the style and spirit of these very contemporary women's voices.

INTRODUCCIÓN

I. El teatro, terreno masculino

Así como en el caso del lenguaje, donde el hombre ha sido norma y autoridad, el teatro, compuesto y dirigido desde sus orígenes por hombres, ha reflejado los intereses y valores masculinos. Los héroes, a menudo grandes potentados que no se dejan estorbar por sentimentalismos, han sido representados compitiendo entre sí en los mundos del dinero, las leyes, la política, los deportes y la guerra, mientras controlaban a las féminas de su ámbito. Hasta el siglo XVIII, estos hombres eran considerados admirables al matar a las mujeres de su familia por un desliz rumoreado y, hasta décadas recientes, los prototipos femeninos positivos, mujeres guapas y lógicamente sumisas, se han movido a la sombra de padres, hermanos, maridos e hijos. Los autores han creado también toda una gama de estereotipos femeninos negativos con sus correspondientes etiquetas: la "tonta" que no está de acuerdo; la "arpía", mujer fea que lucha por sus convicciones; la "marimacho", la corpulenta considerada poco femenina; la "bruja", la intelectual; la "mujer fatal", la guapa que no cede al hombre; la "fulana" que asume libertades supuestamente reservadas a los hombres; así como otros tipos y calificativos de acuerdo con los gustos de cada época.

II. Las dramaturgas españolas

En España, apenas hay dramaturgas hasta el siglo XX. Si la mirada masculina ha proyectado imágenes luminosas e interesadas de su propia caballerosidad y fuerza viril, la femenina denuncia su lado oscuro: egoísmo, brutalidad, traición. Las obras de mujeres a menudo se articulan en espacios cerrados poblados de objetos que aluden al encierro y exhibición de la mujer, como jaulas, peceras o rejas. En contraste con las obras masculinas de acción, agresión y competición, las mujeres acentúan en las suyas las relaciones humanas, los sentimientos, la cooperación, la comunicación y su sentido de la justicia.

Reflejando la ambivalencia de personas no plenamente aceptadas por el grupo dominante, las autoras de la primera mitad del siglo hacen concesiones a los gustos masculinos en una página, mientras que en otra se burlan sutilmente de ellos. Comunes a este discurso a doble voz son las madres que perpetúan los desequilibrios del poder al educar a las hijas para dar y a los hijos para recibir. En obras de escritores y escritoras, los personajes masculinos aceptan la servidumbre femenina como un derecho de nacimiento más y toman decisiones sin contar con la mujer. Aunque hasta la segunda mitad del siglo los personajes femeninos de las dramaturgas aceptan sin rechistar la primera premisa (entendiéndola como cuidar más que como servir), rechazan de modo oblicuo la segunda.

María Martínez Sierra (de soltera, Lejárraga, 1874-1974) permitió que su marido, Gregorio Martínez Sierra, importante empresario teatral y literato en el período anterior a la Guerra Civil (1936-39), firmase lo que ella escribía (obras teatrales, novelas, cuentos, ensayos feministas, etc.). En sus comedias, destaca el idealismo romántico de las mujeres y la superioridad moral que asocia con sus sacrificios. Pilar Millán Astray (1879-1949) y Julia Maura (1906-1971) también lograron considerables éxitos en el teatro. Como antes había hecho Martínez Sierra, crearon protagonistas admirablemente fuertes y trataron cuestiones de amor, matrimonio, familia y triunfo

de la "virtud", entendida en términos masculinos como pureza sexual y abnegación personal de la mujer. Un poco más tarde, Mercedes Ballesteros (1913-1995) dramatizó con ingenio y fino humor un mundo femenino sofisticado.

Ana Diosdado (n. 1938) es la dramaturga más importante de España desde el éxito arrollador de su primera obra, *Olvida los tambores* (1970). A pesar de crear alguna protagonista femenina, rechaza el calificativo de feminista, evita temas considerados "femeninos" y, con respecto a los roles de género, afirma que su propósito es reflejar un equilibrio humanístico. Al igual que sus colegas masculinos, escribe sobre el poder político, la guerra, el consumismo, el racismo, el suicidio, la vida después de la muerte, etc. Sus obras agradan a un público mayoritario y se representan en los principales teatros de España con aplauso de crítica y público.

III. Las dramaturgas del período democrático

La muerte del general Franco en 1975 pone fin a una dictadura (1939-1975) represiva para muchos, especialmente las mujeres. La notable corriente de dramaturgas que surge en el período democrático (desde 1978 hasta nuestros días) continúa hoy su curso ascendente. Aunque no monolítico, este grupo contrasta con otros anteriores en lenguaje, actitudes y técnicas teatrales, y a menudo sus autoras producen revisiones de los mitos, los cuentos de hadas y la historia. Restando la maternidad de la ecuación femenina, logran presentar de modo más aceptable las parábolas de poder en las cuales las mujeres desafían al tan arraigado sistema patriarcal. Demuestran un marcado desencanto con los papeles tradicionales de género y no dudan en explorar temas nuevos en el teatro español como, por ejemplo, la orientación sexual o los juegos eróticos.

Al reflexionar sobre la frustración de las mujeres, su soledad y su necesidad de libertad personal y artística,

las autoras se refieren a los poderes curativos del trabajo y demuestran su deseo de que el matrimonio se base en la comprensión y el respeto mutuos. Sus protagonistas rara vez sufren en silencio por necesidad económica, por "el qué dirán" u otro hipotético parabién; ya no se disculpan ante los hombres, ni les sirven, ni se ríen automáticamente con sus chistes. Recurriendo al humor negro y a un vocabulario fuerte que los censores franquistas habrían prohibido, parodian a los maridos opresivos, insensibles, egocéntricos, mujeriegos, obsesionados con su trabajo, poco comprensivos, reacios a hablar de sentimientos o revelar flaquezas y completamente inútiles frente a las tareas domésticas más elementales. Dicho en términos positivos, sus obras declaran una marcada preferencia por la honestidad, sensibilidad, ternura, comprensión, comunicación y participación doméstica del hombre, valores que sitúan muy por encima de otros que algunos tienen por cruciales para las mujeres, como el poder, el dinero, el atractivo físico o la destreza sexual.

A pesar de diferencias de enfoque y estilo, una imagen repetida del hombre a través del siglo es la de un ser infantil que busca una madre que lo cuide. Si la actitud de los personajes femeninos ante las debilidades masculinas a principios de siglo era la aceptación pasiva, su postura evolucionó hacia un despertar coherente que dio pasó al enfado, al "no aguanto más", a la burla y a la independencia. Con cada vez mayor frecuencia, las obras de las mujeres acaban de modo optimista: los hombres cambian, reciben su merecido o las mujeres simplemente son mucho más felices sin ellos. Sin embargo, la considerable atención concedida a los hombres es prueba de su fundamental importancia en la vida de las mujeres.

Algunas creadoras se asocian con grupos que conciben colectivamente y producen obras en diversos lenguajes teatrales, como el mimo y el baile. Aunque las autoras individuales que utilizan la palabra también escriben obras de duración normal y eligen el circuito comercial, más frecuente es la pieza breve, mordaz y atrevida destinada a un público alternativo. Con estilos que van desde el naturalismo, al surrealismo y al expresionismo,

usan una suerte de taquigrafía comunicativa compuesta de repartos mínimos y un reducido número de objetos escénicos. Abundan el monólogo y el metateatro no sólo por razones económicas, sino porque ayudan a representar esa deseada visión personal. Frecuentes también son las intertextualidades comunes al posmodernismo, ya que recuerdan la importancia que tienen en nuestro comportamiento la tradición, la literatura y los medios de comunicación. Esta técnica, en combinación con el metateatro, subraya que todos interpretamos roles dictados por otros.

A pesar de que se escuchen sus voces fuera de España menos que las de otros países, las españolas están en armonía con el coro teatral universal. Un nutrido grupo de nuevas promesas –Itziar Pascual y Yolanda Pallín son buenos ejemplos– ya gana premios y reconocimiento. Demostrando gran talento, destreza técnica y diversidad temática, son un augurio positivo para una representación más equilibrada de ambos géneros en el futuro.

IV. Las obras de esta colección

Esta colección es un muestrario representativo de piezas escritas por las autoras más establecidas en el umbral del siglo XXI. A diferencia de sus predecesoras, las dramaturgas de la época democrática son universitarias, han realizado estudios formales de teatro y viven en pleno mundanal ruido. El lenguaje coloquial empleado, el tratamiento franco de cuestiones contemporáneas y las múltiples referencias al teatro testimonian su rica formación y su considerable confianza en sí mismas. Paloma Pedrero (n. 1957), actriz, directora escénica y de talleres de dramaturgia, se interesa de modo especial por los problemas de la pareja en obras de dos personajes. Tanto Concha Romero (n. 1945) como María-José Ragué-Arias (n. 1941) son profesoras de teatro (Romero en Madrid y Ragué-Arias en Barcelona) y a menudo utilizan la literatura, la historia y los mitos en obras que hablan a las mujeres de

hoy. Lidia Falcón (n. 1935), licenciada en estudios teatrales, abogada, fundadora del Partido Feminista de España, directora de dos revistas feministas y autora prolífica de novelas y ensayos, apoya los intereses de la mujer en todo lo que hace. Carmen Resino (n. 1941), licenciada en historia con estudios posgraduados de teatro y una tesis doctoral sobre el teatro del absurdo, recurre a diversos estilos en obras que, entre otras cosas, deploran la falta de empatía en el mundo actual.

Esta colección la inicia *La llamada de Lauren...* (1985), pieza sumamente metateatral de Paloma Pedrero sobre un joven matrimonio. La obra investiga de modo eficaz la idea de género como construcción social al mismo tiempo que considera un asunto ponderado a menudo en el teatro de las mujeres: "¿Esta relación me da la libertad para ser yo mismo/a?". Como el monólogo con enfoque intimista es frecuente, se incluyen varios ejemplos. Habla una mujer en *Allá él* (1993) de Concha Romero y en *Sorpresa* (1995) de María-José Ragué-Arias, mientras que el monólogo irónico masculino está representado en *¿Tengo razón o no?* (1989) de Concha Romero y en *Personal e intransferible* (1988) de Carmen Resino. Aunque *¡No moleste, calle y pague, señora!* (1984) de Lidia Falcón caricaturiza el machismo de la época franquista, gentes de muy diversas latitudes verán reflejada allí alguna figura conocida. *¡Ay..., hombres!* (1995), creación colectiva de cinco actrices de la Companyia T de Teatre y un dramaturgo, pone un punto final andrógino, solidario y de buen humor a la colección: unas amigas evocan diversas experiencias con los hombres, riéndose de los defectos masculinos. Todas las piezas se apoyan entre sí para responder a la demanda quejumbrosa de Freud: "¿Qué es lo que quieren las mujeres?". En distintas situaciones y en diversos estilos, afirman que las mujeres quieren, y a veces exigen, compañeros, no dueños, que no sólo comprendan que las necesidades vitales de libertad, identidad, comprensión, cuidados y aprobación de las mujeres son iguales a las suyas, sino que también actúen en consecuencia.

INTRODUCTION

I. Theater: masculine terrain

As in language, where men have been the norm, theatrical fare, composed and managed predominantly by men, has reflected masculine values and interests. Stage heroes are often bigger-than-life power brokers unfettered by sentimentality who control the women in their lives as they compete in the masculine worlds of money, law, politics, sports and war. Until the eighteenth century, male figures were applauded for killing women family members on the basis of rumored indiscretions. Positive female characters, not only beautiful but understandably submissive, have long moved in the shadows of fathers, brothers, husbands and sons, standing by their men, severe transgressions notwithstanding. Male authors have likewise created negative portrayals of women and coined accompanying labels: the brainless "bimbo," the strong "bitch," the determined and highly verbal "shrew," the "tomboy" whose size or athletic prowess are considered unfeminine, the intellectual "witch," the beautiful and rejecting "Jezebel," the "slut," who simply assumes liberties habitually enjoyed by men, as well as other types and terms in harmony with the tastes of the times.

II. Spanish women dramatists

In Spain, women dramatists were few and far between before the 20th century. If the male gaze has projected luminous, self-serving images of masculine strength and chivalry, the opposing female vision reveals their dark underside: selfishness, brutality and betrayal. Women's plays often take place in closed spaces with objects suggestive of entrapment as well as exhibition, like birdcages, fishbowls and bars on windows. Contrasting to works by men that stress action, aggression and competition, women's plays tend to focus on relationships, feelings, cooperation, communication and the woman's sense of justice.

Reflecting an ambivalence common to "outsiders," women writing early in the century often make concessions to male positions on one page and mock them coyly on another. Facets of this double-voiced discourse include maternal characters who routinely perpetuate the power imbalance in training daughters to give and sons to receive. In plays by both genders, it is not unusual for male characters to accept female servitude as another birthright and to make decisions unilaterally. Although female characters created by women in works performed well into the second half of the century tacitly accept the former premise (understood more as nurturing than as service), they rail obliquely against the latter.

María Martínez Sierra (née Lejárraga, 1874-1974) allowed her writings (plays, novels, short stories, feminist essays, etc.) to bear the signature of her husband, Gregorio Martínez Sierra, a major producer-director and literary figure prior to the Spanish Civil War (1936-39). In her plays, she consistently highlights the moral superiority she ascribes to women, mothers in particular, as she documents their romantic idealism and selfless sacrifices. Pilar Millán Astray (1879-1949) and Julia Maura (1906-1971) likewise enjoyed considerable success in theater. Like Martínez Sierra before them, they created admirably strong female protagonists and focussed on love, marriage, family and the triumph of "virtue," understood in male terms as

sexual purity and personal abnegation of the woman. A little later, Mercedes Ballesteros (1913-1995) dramatized, with wit and humor, a sophisticated feminine world.

Ana Diosdado (b. 1938) has been Spain's dominant woman playwright since the smash hit of her first play, *Olvida los tambores* (1970). Although her works occasionally feature female protagonists, she rejects the feminist label, avoids women's issues and, as regards gender roles, seeks to portray a humanistic balance. Like her male colleagues, she deals with such themes as political power, war, consumerism, racism, suicide, life after death, etc. Her works appeal broadly and play on Spain's major commercial stages to popular and critical acclaim.

III. Women dramatists of the democratic period

In 1975, the death of General Franco put an end to a dictatorship (1939-1975) limiting for many, especially women. The noticeable emergence of women playwrights that began in the democratic period (from 1978 onwards) continues its upward spiral today. Although not monolithic, this new group contrasts with previous ones in language, attitude and dramatic style and often produces revisions of myths, fairy tales and history. Removing maternity from the feminine equation, they are able to portray more sympathetically parables of power in which women challenge an entrenched patriarchal system. They consistently show a marked disenchantment with traditional gender roles and have bravely explored themes new to Spanish theater, such as sexual orientation or erotic play, for example.

In reflecting often on women's frustration, loneliness and the need for artistic as well as personal freedom, these authors refer to the curative powers of work and express their yearning for the marriage of mutual understanding and respect. Their women characters rarely suffer in silence now, out of financial dependence, for the sake of appearances or some perceived greater good;

neither do they routinely apologize to men, cater to them or laugh automatically at their jokes. Frequently using black humor and strong language that censors in the Franco period would have prohibited, they parody the overbearing, insensitive, womanizing, incommunicative, egocentric husband obsessed with his work, hesitant to express feelings or reveal vulnerabilities and utterly helpless as regards the most elementary domestic tasks. In positive terms, their plays show a marked preference for male honesty, sensitivity, tenderness, understanding, communication and a little help around the house over such attributes as power, wealth, physical attraction and sexual prowess that some men assume are paramount to women.

Despite thematic and stylistic differences, women dramatists throughout the century portray men as childish beings in search of a mother to take care of them. If women characters early on responded to masculine weaknesses with maternal acceptance, their reactions evolved to awakening, to anger, to "we're not going to take it anymore," to laughter, to independence. Increasingly, women's plays end on an up-beat note as male figures change, receive their just desserts or the women simply realize that they are better off without them. The considerable attention accorded men is, however, eloquent testimony to their fundamental importance in women's lives.

Some women elect to join groups that create and produce collaborative efforts in a variety of theatrical languages, like mime and dance. The authors of the democratic period who sign as individuals and base their works on words occasionally compose full-length plays and opt for the commercial route, but more often their works are brief, biting and offbeat. Although styles run the gamut from naturalism, to surrealism, to expressionism, the trademark structure of the period is a communicative shorthand of minimal casts and few props. Monologues and metatheater abound not only for reasons of economy but as an aid in representing a personal vision. Frequent as well are the intertextualities common to

postmodernism, for they suggest the importance of tradition, literature and the mass media in shaping our lives. Further, intertextuality combined with metatheater effectively emphasizes that we all act out roles scripted by others.

In tones relatively muted in the international community, Spanish women's voices blend harmoniously with the female chorus heard throughout European and North American theater. Promising newcomers like Itziar Pascual and Yolanda Pallín, both born in the sixties, are already winning prizes and recognition. Showing great talent, technical skill and thematic diversity, they augur well for a more balanced representation of gender in theater.

IV. The plays in this collection

Unlike their predecessors, most of the women dramatists established in the democratic period are university educated, have formal training in theater and live active lives in the mainstream. The colloquial language, frank treatment of contemporary issues and the many references to theater in their plays reflect their rich background and considerable self-confidence. The present collection showcases representative plays by Spain's best-known female dramatists on the threshold of the twenty-first century. Paloma Pedrero (b. 1957), actress, director and leader of dramaturgy workshops, often writes two-character plays that focus on the man-woman relationship. Both Concha Romero (b. 1945) and María-José Ragué-Arias (b. 1941) teach dramatic literature at the university level (Romero in Madrid and Ragué-Arias in Barcelona) and often use literature, myth and history in works that clearly resonate in our times. Lidia Falcón (b. 1935), attorney and founder of the Feminist Party of Spain, has an undergraduate degree in the dramatic arts, edits two feminist magazines, is a prolific author of novels and essays as well as plays, and is an advocate of women in all of her endeavors.

Carmen Resino (b. 1941), with a degree in history, graduate work in drama and a thesis on the Theater of the Absurd to her credit, experiments with various styles in works that, among other things, deplore the lack of empathy in today's world.

Opening the collection is the highly metatheatrical *Lauren's Call* (1985) by Paloma Pedrero, a play that features a young married couple, probes gender as social construct and considers a question pondered in many plays by women: "Does this relationship provide the freedom I need to be me?" Because the monologue, with its subjective focus, is so frequent in women's plays, several examples are included. Women speak in *His Loss, My Gain* (1993) by Concha Romero and *Surprise* (1995) by María-José Ragué-Arias, while the ironic male monologue is represented in *Am I Right or Not?* (1989) by Concha Romero and *Personal Property, Not For Sale* (1988) by Carmen Resino. Although *Shut Up, Don't Bother Me, and Pay on Your Way Out, Lady!* (1984) by Lidia Falcón caricatures the sexism of the Franco Dictatorship, contemporary women and men of all latitudes will see someone they know reflected there. *Oh, Man... Men!* (1995), a collaborative creation by five actresses of the T Theater Company and a male dramatist, closes the volume on an androgynous note of gender solidarity as they portray women friends poking fun at male foibles. All the plays in the collection reinforce one another and respond to Freud's plaintive query: "What do women want?" In a variety of situations and styles, they affirm that women want, and sometimes demand, partners, not masters, who not only realize that women's need for freedom, identity, understanding, nurturing and approval is identical to their own, but who act accordingly.

OBRAS

PLAYS

LA LLAMADA DE LAUREN...

LAUREN'S CALL

Paloma Pedrero

CHARACTERS

Pedro
Rosa

PERSONAJES

PEDRO
ROSA

(Bi-level efficiency apartment; kitchenette visible stage rear and, adjacent to it, a door. Stage right: a table with four chairs and a shelf holding books and small household items. Stage left: a double bed flanked by nightstands. The closet door has a full-length mirror. Posters and a few pictures decorate the walls; plants in flowerpots fill empty spaces on the floor. The general decor is tasteful. On a dressing table, a variety of make-up items: rouge, powder, eye pencils and assorted shades of eye shadow... On a chair, a long, brown, wavy wig. The radio broadcasts classical music in live concert. PEDRO, wearing a bathrobe, emerges from the bathroom. He is about thirty and of youthful appearance. He approaches the closet, opens the door and takes out a woman's slinky black satin dress and black stockings. He pulls out a drawer and rummages around until he finds some sexy underwear. Without taking off his robe, he tries on the panties and evaluates the results in the mirror. He searches again in the drawer; this time, he pulls out a brassiere and struggles to put it on. He goes over to the table, picks up a large roll of cotton and begins to stuff his bra. When he is satisfied with the result, he examines himself in the mirror again as he carefully puts on the dress and stockings. From under the bed, he pulls a box with black high-heeled shoes and tries them on. He sits down at the dressing table and, with great care, begins to make himself up as a woman. The transformation of PEDRO takes place before our eyes. He almost looks like a woman. As a finishing touch, he puts on the wig and turns toward the mirror to check the total effect. He turns off the radio and puts on an album of vintage movie music. Immediately we hear a song from "To Have and Have Not" as sung by Lauren

(*Apartamento de una sola pieza con dos niveles. Al fondo, una pequeña cocina adosada, y a su lado una puerta. En el lateral de la derecha, una mesa con cuatro sillas y una estantería con libros y otros objetos caseros. A la izquierda, el dormitorio: una cama de matrimonio con mesitas de noche a los lados. Pegado a la pared, un armario ropero con espejo de luna en la puerta. Las paredes están decoradas con posters y algún cuadro. Por el suelo y en los huecos disponibles hay macetas con plantas. En general, la decoración del apartamento está hecha con buen gusto. Encima de la mesa vemos todo tipo de utensilios de maquillaje: coloretes, polvos, lápices, cajitas con sombras... En una silla hay una peluca castaña, clara y ondulada. La radio está puesta y se oye un concierto de música clásica en directo. De la única puerta del apartamento, que corresponde al baño, vemos salir a* PEDRO. *Es un hombre de unos treinta años y aspecto juvenil. Lleva puesto un albornoz. Se acerca al armario ropero, lo abre y saca un traje de mujer de raso negro y unas medias tupidas del mismo color. Abre un cajón y rebusca hasta que encuentra unas bragas* sexy. *Sin quitarse el albornoz se las pone y se mira al espejo. Después sigue buscando y saca un sostén. Se lo pone con esfuerzo. Se acerca a la mesa y coge un rollo de algodón con el que se va rellenando el pecho. Una vez terminado se vuelve a mirar al espejo y comienza a ponerse el vestido y las medias. De debajo de la cama saca una caja con unos zapatos negros de tacón alto y se los pone. Se acerca a la mesa y comienza a maquillarse de mujer con gran esmero. La transformación de* PEDRO *se va haciendo evidente. Logra parecer casi una mujer. Por último se coloca la peluca y se*

Bacall. Little by little, timidly at first, PEDRO sings along. He gradually gets more into the spirit of the music and eventually sings and dances with abandon. At the high point of his performance, the front door opens and ROSA enters with a bouquet of flowers in her arms.)

ROSA.– (*Startled.*) O-o-o-p-s!...

PEDRO.– (*Taken aback.*) Hey, it's me! Don't freak out! It's just me.

ROSA.– (*Recovering her composure, she looks him up and down.*) Wow! Awesome! How'd you come up with this? Nobody will ever guess it's you! (*Laughing.*) I love it!

PEDRO.– (*Playfully opening the slit in his skirt to reveal a stockinged leg.*) Do you know how to paint a beauty mark?

ROSA.– (*Seeing the disarray on the dressing table.*) Holy shit!... Look at all the mess you made with my make-up! And those are my new stockings! You're going to ruin them!

PEDRO.– I've got your undies on too!

ROSA.– (*Giving him a puzzled look.*) And where'd you get the shoes? You're going to kill yourself in those high heels.

PEDRO.– What are you talking about? Watch this... (*He struts around, very sure of himself.*) Whaddaya' think? How'm I doin'?

ROSA.– (*Surprised.*) Hey, babe! You're something else! Everybody's going to be after you! I'll have to watch you like a hawk tonight. If you're really going out like that, I mean, which I doubt.

PEDRO.– Yeah? Be honest, do I look like a woman or a transvestite?

ROSA.– Well, to tell you the truth, those broad shoulders do give you away, but if you say you're a swimmer and you specialize in the crawl... If I were a man, I'd sure make a beeline for you. Look at those eyes! (*Observing him closely.*) You don't miss a trick, do you? Where'd you get all this stuff to wear?

PEDRO.– I rented it. I went into this place and said to the clerk: "I want a dress for my wife; she's tall and a little on the muscular side..." I wanted to surprise you.

ROSA.– (*Remembering their special day, she goes to the chair where she has left the bouquet of roses and gives it to him.*) Here; this is my surprise for you. Happy anniversary.

PEDRO.– Thanks, honey. They're beautiful. (*He kisses her.*) Happy anniversary. (*He returns the flowers to her.*) Here, put them in a vase.

*vuelve hacia el espejo del ropero para verse de cuerpo entero.
Quita la radio y pone un disco de temas musicales de pelícu-
las de cine. Suena la canción de la película* Tener o no tener, *
cantada por Lauren Bacall.* PEDRO *comienza, tímidamente, a
hacer un* playback. *Poco a poco va lanzándose y canta y
baila con progresiva exaltación. En pleno numerito de* PEDRO
se abre la puerta y aparece ROSA *con un ramo de flores.)*

ROSA.– *(Asustada.)* ¡Ah...!

PEDRO.– *(Sobresaltado.)* Que soy yo, tranquila. Que soy yo.

ROSA.– *(Le mira de arriba abajo recuperándose del susto.)*
¡Estás fenomenal! ¿Cómo se te ha ocurrido? No te va a
conocer nadie. ¡Qué alucine! *(Se ríe.)* Me encanta.

PEDRO.– *(Juguetón, se abre la raja del vestido y deja entrever
las medias.)* ¿Sabes pintar lunares?

ROSA.– ¡Madre mía..., la que has montado con mis pintu-
ras! Y te has puesto mis medias nuevas. Me las vas a
romper.

PEDRO.– También llevo tus bragas.

ROSA.– *(Mirándole perpleja.)* ¿Y de dónde has sacado esos
zapatos? Te vas a matar con esos tacones.

PEDRO.– Pero, ¿qué dices? Mira... *(Pasea rumboso y con seguridad.)* ¿Qué tal lo hago?

ROSA.– *(Sorprendida.)* ¡Chico, estás buenísima! No te voy a
poder dejar solo en toda la noche si te atreves a salir
así, que me extraña mucho.

PEDRO.– ¿En serio? ¿Parezco una mujer o un travestí?

ROSA.– En realidad, la espalda te delata un poco, pero si dices que eres nadadora de crol... Yo desde luego si fuera
un hombre te tiraría los tejos. Se te ven unos ojazos
que no te los mereces. *(Observándole.)* ¡No te falta un
detalle! ¿De dónde has sacado todo esto?

PEDRO.– Lo he alquilado. Fui y dije: un vestido de noche
para mi mujer, que es muy alta y muy fuerte... Era
una sorpresa.

ROSA.– *(Recordando, se acerca a la silla donde ha dejado el
ramo de rosas y se lo da.)* Toma, mi sorpresa. Felici-
dades.

PEDRO.– Gracias, reina, son preciosas. *(La besa.)* Felicida-
des. *(Se las devuelve.)* Ponlas en un jarrón.

(PEDRO *rushes to uncork a bottle of champagne as* ROSA's *back is turned.*)

ROSA.– Champagne!
PEDRO.– Something special for a special occasion!

(*He hands* ROSA *a glass and pours the champagne.*)

ROSA.– A toast to you,... because in spite of being the hardest-to-get-along-with human being in this apartment,... you are still my love. Here's to you.
PEDRO.– And here's to you, too,... because without you, I wouldn't be so hard to get along with; no, I wouldn't be. Therefore, to you.

(*They sip their champagne, and* PEDRO *pulls* ROSA *down on his lap.*)

PEDRO.– How time flies! Three years, already!
ROSA.– That's right. It's hard to believe.
PEDRO.– Remember our honeymoon in the Canary Islands?
ROSA.– How could I forget? It was Carnival, just like now. Our anniversary will always be at Carnival time.
PEDRO.– No, silly, only when it happens to fall on that date. (*He begins to hum a typical Carnival song.* ROSA *joins in.*) We were really out of it on our honeymoon, weren't we? Remember how everybody was in costume, except us?
ROSA.– Yes, all the men dressed up like women, and all the women in clown outfits, just like the one I brought home to wear today. Why didn't you tell me what you were planning? I could have picked out something a little more original.
PEDRO.– My wig is falling off. Can you put some pins in it for me?
ROSA.– Here. Sit down and let me fix it. (ROSA *begins to work with the wig.*) If you won't get mad, I'll tell you something.
PEDRO.– What's that?
ROSA.– Promise you won't get mad?
PEDRO.– I don't know. Tell me, and we'll see.
ROSA.– Well, your costume took me by surprise;... I like it...

(PEDRO *corre, y mientras* ROSA *está de espaldas destapa una botella de champán.*)

ROSA.– ¡Champán!
PEDRO.– ¡Champán especial para ocasiones muy especiales!

(*Da una copa a* ROSA *y sirve el champán.*)

ROSA.– Brindo... porque a pesar de ser el ser más insoportable de esta casa sigues siendo... mi amor. Por ti.
PEDRO.– Y yo brindo... porque sin tu ayuda no sería tan insoportable; no sería. Por ti.

(*Beben, y* PEDRO *sienta a* ROSA *en sus rodillas.*)

PEDRO.– ¡Cómo pasa el tiempo! ¿No? Tres años ya.
ROSA.– Es verdad. ¡Qué locura!
PEDRO.– ¿Te acuerdas de nuestro viaje de novios a Canarias?
ROSA.– Claro. Eran los carnavales, como ahora. Nuestro aniversario siempre va a ser en carnaval.
PEDRO.– No; sólo cuando coincida, tonta. (*Comienza a tararear la canción de* Carnaval te quiero. ROSA *le sigue.*) ¡Qué pinta de pardillos llevábamos! ¿Te acuerdas? Todo el mundo iba disfrazado, menos nosotros.
ROSA.– Sí, todos los hombres, de mujer; y todas las mujeres, de payaso. Exactamente igual que nosotros hoy. Me podías haber avisado, y hubiera pensado en un disfraz algo más ingenioso.
PEDRO.– La peluca se me cae hacia atrás. ¿Podrías sujetármela con unas horquillas?
ROSA.– Sí, anda, déjame que te la sujeto y te la peino bien. (ROSA *comienza a arreglarle el pelo.*) Te digo una cosa, si no te enfadas.
PEDRO.– ¿Qué cosa?
ROSA.– ¿No te enfadas?
PEDRO.– No sé. Dímelo, y ya veremos.
ROSA.– Que tu disfraz me ha sorprendido..., que me gusta...

PEDRO.– I really want to laugh and have fun tonight... Let's forget about the bills and all the things we need. I want to forget the students... I want to go to Carnival like this... with you.

ROSA.– To tell you the truth, I never figured you for anything like this. You always claimed guys who dressed like that were fags...

PEDRO.– What are you insinuating?

ROSA.– (*Adding a little rouge.*) No, really. I like it. It's as though you had taken off that hideous businessman mask... I look at you and I see a whole new man.

PEDRO.– Hey, if you like it so much, I can stay this way.

ROSA.– (*Laughing.*) Oh, sure, great! (*She sits down and picks up the newspaper.*) Honey, fix dinner. I'm hungry.

PEDRO.– But I'm not like that.

ROSA.– Ahem, ahem... pretty close.

PEDRO.– (*Uncomfortable.*) No way...

ROSA.– (*Getting up.*) Hey, don't get mad. I was just kidding. (*She goes toward the closet.*) I'll put on my costume so we can go out and celebrate.

PEDRO.– (*Holding her back, mysteriously.*) I have a surprise for you, too.

ROSA.– Really? What is it?

PEDRO.– Turn around and close your eyes. (ROSA, *intrigued, obeys.* PEDRO *takes a Humphrey Bogart style suit, hat and rain-coat out of the closet.*) Now you can open your eyes.

ROSA.– Is that for me?

PEDRO.– Yep.

ROSA.– What is it?

PEDRO.– (*Pointing to himself.*) Lauren Bacall and (*Pointing to* ROSA.) Humphrey Bogart.

ROSA.– (*Laughing.*) Hey! That's right! We'll be the hit of the evening! When you want to be, you're wonderful. (*Picking up the outfit.*) I'm going to try it on and see how it fits...

PEDRO.– No, let me dress you.

ROSA.– You really want to?

PEDRO.– Take your clothes off.

PEDRO.– Hoy quiero pasármelo muy bien. Reírme..., olvidarme de todo: de las facturas, de los albaranes, de los alumnos... Quiero ir al carnaval así... contigo.

ROSA.– Pues, la verdad es que no me lo esperaba de ti. Como siempre has dicho que los que hacían esto eran todos maricones...

PEDRO.– ¿Qué insinúas?

ROSA.– (*Retocándole los coloretes.*) No, en serio. Me gusta. Es como si te hubieras quitado la careta de auxiliar administrativo... repulsivo. Te miro y te veo como un hombre nuevo.

PEDRO.– Pues nada, si quieres me quedo así para siempre.

ROSA.– (*Riéndose.*) Ah, sí, estupendo. (*Se sienta y coge el periódico.*) Cariño, haz la cena, que tengo hambre.

PEDRO.– Eh, yo no soy así.

ROSA.– Ejem, ejem... Parecido.

PEDRO.– (*Molesto.*) No digas tonterías...

ROSA.– (*Levantándose.*) No te enfades, hombre, que era una broma. (*Yendo hacia el armario.*) Voy a ponerme mi disfraz, y nos vamos de juerga.

PEDRO.– (*Reteniéndola, misterioso.*) También tengo algo para ti.

ROSA.– ¿Sí? ¿El qué?

PEDRO.– Date la vuelta y cierra los ojos. (ROSA *obedece intrigada y* PEDRO *saca del armario un traje tipo Humphrey Bogart, con gabardina y sombrero incluido.*) Ya puedes mirar.

ROSA.– ¿Eso es para mí?

PEDRO.– Claro.

ROSA.– ¿Qué es?

PEDRO.– (*Señalando hacia sí.*) Lauren Bacall (*Señalando a* ROSA.) y Humphrey Bogart.

ROSA.– (*Riéndose.*) ¡Es verdad! Vamos a dar el golpe. Si es que cuando quieres eres un cielo. (*Cogiendo el traje.*) Me lo voy a poner, a ver qué tal me queda...

PEDRO.– No, te lo voy a poner yo.

ROSA.– Ah, ¿sí?

PEDRO.– Desnúdate.

(PEDRO *picks up a stool and puts it in front of the mirror.* ROSA *undresses.*)

ROSA.– Okay. Now what?

PEDRO.– Sit down. (ROSA *sits in front of the mirror.*) How do you like your body?

ROSA.– (*Looking at herself in the mirror.*) More important is how do you like it?

PEDRO.– (*Helping her put on the pants.*) We'll see in a minute. Now a delicate operation. (*He picks up a long band of cloth.*) I'm going to tie this around you.

ROSA.– What's that?

PEDRO.– We've got to hide your breasts. Did you ever see Humphrey Bogart with tits?

ROSA.– No! I'm not going to wear that!

PEDRO.– Why not?

ROSA.– Because it'll hurt! Besides, we don't need it. With a big shirt, you won't notice a thing.

PEDRO.– But there will be a hint of something there, and that's worse. Come on, let me put this on you.

ROSA.– Oh, Pedro, no! I'll be uncomfortable! No!

PEDRO.– (*Affectionately.*) If it bothers you too much, I'll take it off, okay?

ROSA.– (*Raising her arm obediently.*) Oh, shit! What a perfection-ist!

(*As* PEDRO *wraps the band around her, he flattens her breasts.*)

PEDRO.– Breathe out.

(*He pulls the band tighter.*)

ROSA.– Ouch!...

PEDRO.– What's the matter?

ROSA.– Not so tight! You're squashing my boobs! I'll be perma-nently flat-chested!

PEDRO.– Oh, come on. Don't be a crybaby. You've got to look like a real man.

ROSA.– That's impossible.

(PEDRO *coge una banqueta y la coloca delante del espejo de luna*. ROSA *se desnuda*.)

ROSA.– ¿Y bien?

PEDRO.– Siéntate aquí. (ROSA *se sienta enfrente del espejo*.) ¿Te gustas?

ROSA.– (*Mirándose*.) ¿Te gusto a ti?

PEDRO.– (*Metiéndole los pantalones*.) Ahora veremos. Vamos a proceder a una delicada operación. (*Coge una venda*.) Te voy a poner esto.

ROSA.– ¿Eso qué es?

PEDRO.– Hay que disimular el pecho. ¿Dónde has visto tú un Bogart con esas tetas?

ROSA.– ¡No! ¡Eso no me lo pongo!

PEDRO.– ¿Por qué?

ROSA.– Porque me va a doler el pecho. Además no hace falta; con una camisa ancha no se nota nada.

PEDRO.– Se insinúa, que es peor. Vamos, déjame ponértelo.

ROSA.– ¡Que no, Pedro! ¡Que voy a estar muy incómoda! No.

PEDRO.– (*Cariñoso*.) Si te molesta mucho te lo quito, ¿vale?

ROSA.– (*Levantando los brazos*.) ¡Ay, hijo, qué perfeccionista!

(PEDRO *comienza a enrollarle la venda aplastándole el pecho*.)

PEDRO.– Respira hondo.

(*Aprieta más fuerte*.)

ROSA.– ¡Ay...!

PEDRO.– ¿Qué pasa?

ROSA.– ¡Que no me aprietes tanto, que me las vas a dejar hechas polvo!

PEDRO.– Anda, no seas quejica. Tienes que parecer un hombre total.

ROSA.– Eso es imposible.

PEDRO.– Nothing's impossible! (*He ties the ends of the band together.*) You're done.

ROSA.– I feel mutilated.

PEDRO.– Now for the shirt. (*He puts it on her.*) Let's see... Good. Now the jacket (*He puts it on her.*) and the bow tie.

ROSA.– Aargh!... You're choking me!

PEDRO.– Stop griping! You're done.

ROSA.– What about shoes?

PEDRO.– (*Taking some of his own from the closet.*) Here. These will do.

ROSA.– I'll be the tiny little man with the great big feet. (PEDRO *looks her up and down.*) Am I okay now?

PEDRO.– The hat.

(*He puts it on her.*)

ROSA.– What do you think?

PEDRO.– Now sit down. I'm going to make you up.

ROSA.– What do I need make-up for?

PEDRO.– Be quiet... You'll see in a minute. First, the eyebrows. (*He makes very thick ones.*) Look this way. Sideburns; you need sideburns.

ROSA.– Sideburns?

PEDRO.– Hush. Wait till you see the hunk that's been hiding inside you all these years.

(*He paints the sideburns.*)

ROSA.– (*Laughing at her image in the mirror.*) Am I what you want now?

PEDRO.– I don't know. Something's missing. You still look like a girl.

ROSA.– So what else is new? (*She puts a cigarette in her mouth, Bogart style.*) How about now?

PEDRO.– No, you're not there yet. Something's still missing. (*He brings out a press-on moustache.*) Put this on.

ROSA.– Hey! Bogart didn't have a moustache!

PEDRO.– So what? Other men do. (*Pressing on the moustache.*) This is much better. Now walk. (ROSA *walks.*) No! Not that way! Don't wiggle your hips!

ROSA.– Like this?

PEDRO.– Drop your shoulders. Relax. Pull in your ass; tuck it under. More! Look down at the floor! Act defeated!

PEDRO.– Imposible no hay nada. (*Atando los cabos de la venda.*) Ya está.

ROSA.– Me siento mutilada.

PEDRO.– La camisa. (*Se la pone.*) ¿A ver...? Bien. La chaqueta. (*Se la pone.*) Y ahora la pajarita.

ROSA.– ¡Ay...! ¡Me estás ahogando!

PEDRO.– No protestes tanto, que ya está.

ROSA.– No tengo zapatos.

PEDRO.– (*Sacando unos suyos del armario.*) Estos están bien.

ROSA.– Sí, voy a ser el pequeño hombre de los pies gigantes. (PEDRO *la mira de arriba abajo.*) ¿Estoy bien?

PEDRO.– El sombrero.

(*Se lo pone.*)

ROSA.– ¿Qué tal?

PEDRO.– Siéntate, voy a maquillarte.

ROSA.– ¿Que vas a maquillarme de qué?

PEDRO.– Chist... Ahora verás. Primero las cejas. (*Se las pinta gruesas.*) ¿A ver? Patillas. Necesitas patillas.

ROSA.– ¿Patillas?

PEDRO.– Calla, ya verás qué guapo.

(*Se las pinta.*)

ROSA.– (*Se mira al espejo, se ríe.*) ¿Ya estoy a tu gusto?

PEDRO.– No sé, te falta algo. Sigues teniendo cara de chica.

ROSA.– Normal. (*Se pone un cigarro en la boca a lo Bogart.*) ¿Así?

PEDRO.– No, no me acabas de convencer. Te falta algo. (*Saca un bigote postizo.*) Ponte esto.

ROSA.– ¡Pero Bogart no llevaba bigote!

PEDRO.– ¡Qué más da! Pues de otro cualquiera. (*Pegándole el bigote.*) Así estás mucho mejor. Ahora camina. (ROSA *camina.*) ¡Así no! ¡No muevas las caderas!

ROSA.– ¿Así te gusta más?

PEDRO.– Baja los hombros. Relájate. Mete el culo. Mira hacia el suelo. ¡Estás derrotado!

Rosa.– Hey! What's the deal here? You gonna enter me in some contest?

Pedro.– Clothes don't really make the man, hon.

Rosa.– Yeah; the body language of the inner person, right?

Pedro.– You got it, and that's what you gotta change... the inner person.

Rosa.– (*Attempting a masculine walk.*) The inner person has got to show on the outside! (*She looks at herself in the mirror.*) Well, my person may be a little short, but it's not bad; not bad! At least, I'm interesting. (*She glances at him.*) Shall we go? (Pedro *does not respond.*) Well, aren't we going out?

Pedro.– And now for the finishing touch. (*He brings out a gift-wrapped box with a large bow on top.*) Here.

Rosa.– (*Excitedly.*) My present!

Pedro.– Open it.

Rosa.– (*Looking at the box curiously and trying to guess what's inside.*) Is it a bottle of perfume?

Pedro.– (*Mysteriously.*) M-m-m, well...

Rosa.– What is it?

Pedro.– Open it.

Rosa.– (*She unwraps the package excitedly; then suddenly her smile freezes, and she abruptly thrusts the box back into* Pedro's *hands.*) That's sick. Where in the world did you get that thing?

Pedro.– Aw, come on! Put it on!

(*It is a sex-shop dildo.*)

Rosa.– Don't be gross. It's not funny.

Pedro.– It's funny to me. Come on. Let's see what it looks like on you.

Rosa.– (*Very serious.*) This is going too far. No, I'm not going to put that thing on. I never thought you could be so... so disgusting.

Pedro.– Oh, sweetheart, don't be like that. It's just a gag. I just wanted us to have some fun; I thought we could celebrate our third anniversary as though it were our wedding night, all costumed up for Carnival...

(*He stops short when he sees that* Rosa *does not find his plan funny. He puts the dildo away, and there is a tense moment.* Pedro *approaches* Rosa *affectionately, but she rejects his advance.*)

ROSA.– Oye, ¿qué pasa? ¿Que me vas a presentar a un concurso?

PEDRO.– El hábito no hace al monje, cariño.

ROSA.– ¡Ya! Y el cuerpo es el reflejo del alma, ¿no?

PEDRO.– Exactamente. Eso es lo que quiero que modifiques... el alma.

ROSA.– (*Intentando caminar de forma varonil.*) ¡El alma...! ¡El alma...! (*Se mira en el espejo de luna.*) Pues aunque un poco bajito, no estoy mal del todo. Al menos soy algo inquietante. (*Le mira.*) ¿Nos vamos? (PEDRO *no contesta.*) ¿Nos vamos o qué?

PEDRO.– Falta lo más importante. (*Saca una caja envuelta en papel de regalo con lazo y todo.*) Toma.

ROSA.– (*Emocionada.*) ¡Mi regalo!

PEDRO.– Ábrelo.

ROSA.– (*Intentando adivinar por la caja qué es.*) ¿Es la colonia?

PEDRO.– (*Misterioso.*) No sé...

ROSA.– ¿Qué es?

PEDRO.– Ábrelo.

ROSA.– (*Desenvuelve el paquete con excitación. La sonrisa se le congela y le devuelve bruscamente la caja.*) ¡Qué guarrería! ¿De dónde has sacado eso?

PEDRO.– Toma, póntelo.

(*Es un falo de los que venden en las* sex–shops.)

ROSA.– No seas bruto. No tiene gracia.

PEDRO.– A mí me parece que sí tiene gracia. Venga... Póntelo.

ROSA.– (*Muy seriamente.*) Esto es demasiado y no me lo pienso poner. No me podía imaginar que fueras tan... tan morboso.

PEDRO.– Mi vida, no te pongas así. Era una broma. Sólo quería que nos divirtiéramos. Celebrar nuestro tercer año juntos como si fuera el primero: viviendo el carnaval...

(*Se corta al ver que a* ROSA *no le hace ninguna gracia. Guarda el falo. Hay un momento de gran tensión.* PEDRO *intenta acariciarla y* ROSA *le quita la mano.*)

ROSA.– Pedro,... are you glad we got married?

PEDRO.– Of course. I want to spend many, many Carnivals with you.

ROSA.– Are you sure?

PEDRO.– But... Why are you asking me that right now?

ROSA.– I don't know... For a long time, you've been so... I have the feeling that you're keeping something from me; that we're drifting apart. I hadn't seen you so excited for a long time!... What are you going to be like when you take off all that make-up? I don't know... Yesterday I was watching you while you slept, and you looked old. I'm sorry, Pedro, but it's true. You really looked old and sad. I think you're bored with me; I don't turn you on anymore... It's been two months since we...

PEDRO.– (*Interrupting her.*) Rosa, please. Let's just drop it, all right? This is our anniversary. Let's go out, have a few drinks, dance and...

ROSA.– You see? You never want us to talk. And today would be a good time for that. We can talk things over and do a kind of review of... it's been three years, Pedro, three years! (*Decisively.*) We have to talk.

(*She pulls off the moustache.*)

PEDRO.– (*Raising his voice.*) Don't take that off! (*He goes over to* ROSA *and gently presses the moustache back in place as he speaks.*) Please don't take off the moustache, okay? You know, even if you really were a guy, I'd try to seduce you.

ROSA.– Well, go ahead and try. We haven't made love in so long...

PEDRO.– (*Caressing her.*) You seduce me. Do it to me.

ROSA.– You want me to?

PEDRO.– Go ahead.

ROSA.– I'm all out of practice. I don't know if...

PEDRO.– Let's get it all back tonight. Seduce me.

ROSA.– (*After a pause.*) All right, my fair damsel. I'm going to show you how to seduce a woman. Nothing wrong with a little refresher course every now and then. Can I offer you a drink?

ROSA.– Oye..., ¿estás contento de haberte casado conmigo?

PEDRO.– Claro. Me gustaría vivir muchos carnavales contigo.

ROSA.– ¿Estás seguro?

PEDRO.– Pero..., ¿por qué me preguntas eso ahora?

ROSA.– No sé... Llevas un tiempo tan... Tengo la sensación de que tienes secretos para mí, que te estás alejando. ¡Hace tanto tiempo que no te veía animado...! ¿Cómo vas a estar cuando te quites todo ese maquillaje? No sé... pero ayer te miraba mientras dormías y me parecías viejo. De verdad, perdona, Pedro, pero es así. Me parecías viejo y triste. Creo que te aburres conmigo, que ya no te estimulo... Hace dos meses que no...

PEDRO.– (*Cortándola.*) Rosa, por favor, ¿por qué no dejamos ese tema? Hoy es nuestro aniversario. Vámonos al carnaval, vamos a emborracharnos juntos y a bailar y a...

ROSA.– Ves, nunca quieres que hablemos. Hoy es un buen día para hacerlo. Podemos hacer un balance de... ¡Son tres años, Pedro! ¡Tres años! (*Decidida.*) Tenemos que hablar.

(*Se quita el bigote.*)

PEDRO.– (*Gritando.*) ¡No te lo quites! (*Suavemente se acerca a* ROSA *y le vuelve a colocar el bigote mientras le dice:*) No te quites el bigote, ¿eh? ¿Sabes que si fueras un hombre yo también intentaría seducirte?

ROSA.– Inténtalo. Hace tiempo tiempo que no hacemos el amor...

PEDRO.– (*Acariciándola.*) Házmelo. Házmelo tú.

ROSA.– ¿Quieres?

PEDRO.– Inténtalo.

ROSA.– Casi he perdido la práctica. Ya no sé si...

PEDRO.– Vamos a recuperarla. Sedúceme.

ROSA.– (*Después de una pausa.*) Está bien, señorita. Le voy a demostrar cómo se debe conquistar a una mujer. Una lección de vez en cuando no viene mal. ¿Te apetece una copa?

PEDRO.– (*Joining in the game.*) Yes, thank you.

ROSA.– Whiskey, rum, gin?...

PEDRO.– (*Coyly.*) Yes, whiskey, please; on the rocks.

ROSA.– (*Going over to a mini-bar and taking out some glasses.*) How about some music?

PEDRO.– (*Very much into his role.*) Oh, whatever you like.

ROSA.– (*After pouring two drinks, she selects* PEDRO's *favorite recording from the file and puts it on. With the music playing, she approaches* PEDRO *and hands him his glass.*) Here you are.

PEDRO.– Thank you, Carlos.

ROSA.– (*Barely able to suppress a giggle.*) You're welcome, Azucena. (*Making an effort to be serious.*) So tell me something about yourself. I don't know anything about you, and I'm really interested. What do you do?... Who do you live with? Things like that.

PEDRO.– I'm a hairstylist. I work in a very exclusive salon, and I live with my mother. Actually, I want to be a high-fashion model, but the agencies tell me I need to slim down and that my breasts are too small.

ROSA.– (*Ogling him.*) Well, it doesn't look that way to me.

PEDRO.– No, it doesn't, does it?

ROSA.– I think you're just right. You have beautiful eyes and a very sexy mouth.

(*She comes close and tries to kiss him.*)

PEDRO.– Oh, no; not yet; please...

ROSA.– Pedro, sweetheart, it's eleven thirty, and if we don't hurry, we're not going anywhere.

PEDRO.– (*Angrily.*) Either you do it right or we won't do it.

ROSA.– Then don't be such a prude. We can't play around like this all night. (*Rubbing her lip.*) Besides, this thing itches...

PEDRO.– You have a beautiful apartment. Do you live alone?

ROSA.– For the moment, I do. Until a few months ago, I lived here with my wife. She was wonderful, and very imaginative. She did all the decorations. I'm not good at anything like that. Can you believe I even had to track down my own underwear after she left?...

PEDRO.– (*Laughing softly.*) You're funny.

PEDRO.– (*Siguiendo el juego.*) Sí, gracias.

ROSA.– ¿Whisky, ron, ginebra...?

PEDRO.– Sí, un whisky, por favor, con hielo.

ROSA.– (*Yendo hacia el mueble bar y sacando los vasos.*) ¿Quieres oír música?

PEDRO.– (*Muy en su papel.*) Bueno, como quieras.

ROSA.– (*Termina de preparar los whiskys. Se acerca al cajón de los discos y busca el preferido de* PEDRO. *Lo pone y la música comienza a sonar. Se acerca a él y le da el whisky.*) Toma.

PEDRO.– Gracias, Carlos.

ROSA.– (*Sin poder aguantar la risa.*) De nada, Azucena. (*Haciendo un esfuerzo por ponerse seria.*) Bueno, cuéntame algo de ti. No sé nada. ¿A qué te dedicas...? ¿Con quién vives? Esas cosas.

PEDRO.– Soy peluquera. Trabajo en un salón de alta peluquería y vivo con mi madre. En realidad, lo que me gustaría es ser modelo de alta costura, pero en las agencias publicitarias me dicen que tengo que adelgazar un poco y que tengo poco pecho.

ROSA.– (*Mirándoselo pícaramente.*) Pues no lo parece.

PEDRO.– No, no lo parece.

ROSA.– Yo lo que creo es que estás muy bien. Tienes unos ojazos preciosos y una boca muy *sexy*.

(*Se le acerca e intenta besarle.*)

PEDRO.– No, todavía no. Por favor...

ROSA.– Pedro, cariño, son las once y media y como no nos demos prisa no llegamos a ningún sitio.

PEDRO.– (*Enfadado.*) O me lo haces bien, o no lo hacemos.

ROSA.– Pero no te lo hagas de reprimida, que no podemos estar así hasta mañana. (*Se rasca el bigote.*) Y esto me pica...

PEDRO.– Tienes una casa muy bonita. ¿Vives solo?

ROSA.– Ahora sí. Hasta hace unos meses vivía con mi mujer. Era una persona estupenda y muy imaginativa. Ella fue la que decoró esto. Yo soy un desastre para estas cosas. Fíjate que he tenido que aprender hasta dónde estaba el cajón de los calzoncillos...

PEDRO.– (*Riendo tímidamente.*) Eres muy simpático.

ROSA.– And you're sweet enough to eat.

(*She moves in boldly, but* PEDRO *holds her off.*)

PEDRO.– What happened? Why did you two break up? I mean,... if you don't mind my asking.

ROSA.– Oh, I'm not sure... I guess I wasn't a very good husband. I'm a busy man, you know. Mornings, I work in an office, and afternoons, I teach. Then when I get home, I'm beat, and of course...

PEDRO.– (*Cutting her off.*) If you're going to play like you're me, the game's over.

ROSA.– Does seeing yourself like this make you uncomfortable?

PEDRO.– Oh, please, Carlos; don't be vulgar.

ROSA.– Well,... that's what happened... She...

PEDRO.– Who?

ROSA.– My wife... She was alone all the time. So one day, she packed her bags and she... died.

PEDRO.– She died?

ROSA.– Yes. Of a broken heart.

PEDRO.– How sad.

ROSA.– Now I'm a widower. But a merry widower.

PEDRO.– Well, when I get married, it will be forever. I'll marry a strong, masculine man. And I'll have three children and a dog.

ROSA.– (*Putting her arm around his shoulder and saying very pointedly.*) Three children?... (*Touching his hair gently.*) You have lovely hair...

PEDRO.– Well, I'm a hairstylist...

ROSA.– You drive me crazy! (*She kisses him on the mouth and tries to put her hand down his dress, but* PEDRO *resists the advance.*) Gee, you're playing hard to get!

PEDRO.– You're supposed to seduce me; put me in the mood.

ROSA.– (*Angry.*) And just what does one have to do to put the lady in the mood?

PEDRO.– I want you to be like Bogart. Don't you remember how he was?

ROSA.– Well,... no. I don't remember.

PEDRO.– I want you to be rough and romantic, all at once, and I want you to be deep and mysterious. You're doing it all wrong.

ROSA.– Well, gee. Look who's talking...

PEDRO.– We're playing a game, and I like losers.

Rosa.– Y tú estás para hacerte madre.

(*Intenta lanzarse y* Pedro *la retira.*)

Pedro.– ¿Y qué pasó? ¿Por qué os separasteis? Bueno...,
si no te importa que te lo pregunte.

Rosa.– Pues nada... que yo era un mal marido. Soy un
hombre muy ocupado, ¿sabes? Por la mañana en la
oficina. Por la tarde doy clases particulares. Después
llego agotado a casa y, claro...

Pedro.– (*Cortándola.*) Si vas a hacer de mí no jugamos.

Rosa.– ¿Es que no te gustas?

Pedro.– Venga, Carlos, no te pongas borde.

Rosa.– Bueno... Pues eso... que ella...

Pedro.– ¿Quién?

Rosa.– Mi mujer... La pobre estaba todo el día sola. Así
que un día hizo la maleta y... se murió.

Pedro.– ¿Se murió?

Rosa.– Sí, de pena.

Pedro.– Qué pena, ¿no?

Rosa.– Ahora soy viudo. Viudo, pero alegre.

Pedro.– Pues yo, cuando me case, será para toda la vida.
Con un hombre fuerte y varonil. Me gustaría tener
tres hijos y un perro.

Rosa.– (*Pasándole la mano por encima del hombro, insinuan-
te.*) ¿Tres hijos...? (*Tocándole el pelo.*) Tienes un pelo
precioso...

Pedro.– Como soy peluquera...

Rosa.– Me vuelves loco. (*Le da un beso en la boca e intenta
meterle la mano por dentro del vestido.* Pedro *se la retira.*)
Chico, ¡qué exigente!

Pedro.– Te he dicho que me tienes que seducir.

Rosa.– (*Enfadada.*) ¿Y se puede saber qué tengo que hacer
para seducir a la señorita?

Pedro.– De Bogart. ¿No te acuerdas de cómo era Bogart?

Rosa.– Pues..., no. Yo qué sé. No, no me acuerdo.

Pedro.– Quiero que seas duro y romántico a la vez que
profundo. Lo estás haciendo muy mal.

Rosa.– Hombre, mira quién fue a hablar...

Pedro.– Estamos jugando, y a mí me gustan los perdedores.

ROSA.– And how does the loser act in a game like this? I don't
know what to do.

PEDRO.– All you have to do is watch them; they're all around
you. Come on. Make me fall in love. Be Bogart, Bogart!

ROSA.– Bogart... I should be Bogart...

PEDRO.– Yes, that's what I want.

ROSA.– (*Decisively.*) Okay; you asked for it. (*Beginning to swagger, she
picks up a bottle of water.*) Rum. (*She drinks ostentatiously; then flips
down a cigarette disdainfully.*) We're on a desert island full of hungry beasts. A place that wouldn't change at all if I disappeared...

PEDRO.– Oh, it wouldn't be the same...

ROSA.– One of these days, I'll vanish. There will be no trace of
who I was or of our love. Nothing. I'll take that final bit of
me and plunge it into the ocean. I'll just sail off into the sun-
set, disappear out beyond the horizon...

PEDRO.– I love poets...

ROSA.– And I'll slay the monsters who approach my ship...

PEDRO.– Oh, I like strong men...

ROSA.– I'll sail the seas where pure mermaids play...

PEDRO.– I love purity...

ROSA.– Mermaids out there have no necklaces or polished nails,
and when they rise up out of the water, they don't smell of
cheap perfume but rather of salty seaweed...

PEDRO.– I like that sea you talk about...

ROSA.– Mermaids don't need music, or alcohol, or stupid words
to make love. They need only my kisses...

PEDRO.– Tell me about that rough sailor's kisses.

ROSA.– They're fearless kisses, baby.

PEDRO.– I want to be your mermaid. May I?

(*When he reaches out to touch her,* ROSA *draws back.*)

ROSA.– You want fearless kisses?

PEDRO.– Kisses; yes, I want kisses.

(*He tries to kiss her.* ROSA *draws away regally.* PEDRO *looks at
her intently with great longing.*)

ROSA.– All right, I'll take you with me. Let's celebrate our ap-
proaching voyage. (*He puts on the music.*) Shall we dance?

ROSA.– ¿Y qué es un perdedor? No sé cómo se hace eso.

PEDRO.– No tienes más que mirar a tu alrededor. Vamos, enamórame, Bogart. ¡Bogart!

ROSA.– Bogart... Yo, Bogart...

PEDRO.– Eso es.

ROSA.– (*Decidida.*) Te vas a enterar. (*Comienza a actuar un tipo duro. Coge la botella de agua y dice.*) Ron. (*Bebe ostentosamente. Le tira un cigarrillo con desprecio.*) Estamos en una isla repleta de fieras hambrientas. Un lugar que no cambiaría en nada si yo desapareciera...

PEDRO.– No, no sería igual...

ROSA.– Y un día me iré de aquí sin dejar huellas ni amores. Nada. Me llevaré mi rastro para bañarlo en el agua del océano. Más allá del horizonte...

PEDRO.– Me gustan los poetas...

ROSA.– Y mataré a los monstruos que acechen mi barco...

PEDRO.– Me gustan los asesinos...

ROSA.– Quiero vagar por un mar de sirenas puras...

PEDRO.– Me gusta la pureza...

ROSA.– Sirenas que emerjan del agua sin los collares puestos, sin las uñas pintadas, sin olor a perfume barato, sino a algas saladas...

PEDRO.– Me gusta ese mar que dices...

ROSA.– Sirenas que no necesiten música, ni alcohol, ni palabras estúpidas para hacer el amor. Sólo mis besos...

PEDRO.– ¿Y cómo son los besos de ese marino rudo?

ROSA.– Besos sin miedo, nena.

PEDRO.– Quiero ser tu sirena, ¿puedo?

(*La intenta tocar, ROSA retira su mano.*)

ROSA.– ¿Besos sin miedo?

PEDRO.– Besos, sí, besos.

(*Intenta besarla. ROSA se separa de él elegantemente. PEDRO la mira atento y emocionado.*)

ROSA.– Está bien, te llevo. Vamos a celebrar nuestro próximo viaje. (*Pincha el disco.*) ¿Bailas?

PEDRO.– Oh, yes.

(*They begin to dance, their bodies touching...*)

ROSA.– I love you,... I love you. (*She puts her arms around his neck, caresses him, kisses him. PEDRO submits to her advances.*) Take off your dress.

PEDRO.– No, wait... Let's play a little longer.

ROSA.– (*Kissing him on the neck.*) You smell like me...

(*She takes off her shoes and begins to unzip the trouser.*)

PEDRO.– No! Don't take anything off! Don't break the spell! I want to do it like this!

ROSA.– But... (*PEDRO doesn't allow her to speak; he pulls her toward him and kisses her.*) Take this band off my chest. I can't breathe.

PEDRO.– No. (*ROSA tries to speak, as PEDRO frantically silences her with his kisses and caresses.*) I want you, my love. I want you more now than I've ever wanted you. (*ROSA tries again to take her clothes off, but PEDRO won't let her.*) Rub my breasts.

ROSA.– (*Putting her hand down the front of PEDRO's dress with great difficulty.*) I can't. Take that thing off.

(*PEDRO grabs her hand and rubs it over his dress on top of the stuffed bra.*)

PEDRO.– This is wonderful. You're such a romantic man.

ROSA.– (*Showing signs of discomfort.*) Pedro, I can't do anything dressed like this. I'm burning up. My whole chest hurts.

(*She struggles to take off the band.*)

PEDRO.– (*Taking hold of her hands.*) Don't talk! Don't spoil everything.

ROSA.– (*Out of breath.*) I can't. I can't do it this way!

PEDRO.– Come on. Let's get on the bed. (*PEDRO practically drags her over to the bed. Then he pulls her down on top of him, squeezes her between his legs and hands her the dildo.*) Fuck me with it.

PEDRO.– Sí.

(*Comienzan a bailar, a rozarse...*)

ROSA.– Te quiero..., te quiero. (*Le abraza, le toca, le besa.* PEDRO *se deja hacer.*) Quítate el vestido.
PEDRO.– No, espera... Vamos a seguir jugando.
ROSA.– (*Besándole el cuello.*) Hueles a mí...

(*Se quita los zapatos y comienza a desabrocharse el pantalón.*)

PEDRO.– ¡No! No te quites nada. No rompas el encanto. Quiero hacerlo así.
ROSA.– Pero... (PEDRO *no la deja hablar, la empuja hacia sí y la besa.*) Quítame la venda del pecho. No puedo respirar.
PEDRO.– No. (ROSA *intenta hablar, pero* PEDRO, *descontrolado, la corta con sus besos y caricias.*) Te deseo, mi amor. Te deseo más que nunca. (ROSA *vuelve a intentar desnudarse.* PEDRO *no la deja.*) Tócame las tetas.
ROSA.– (*Metiéndole la mano por el escote con mucha dificultad.*) No puedo. Quítate esto...

(PEDRO *le agarra la mano y se la coloca, por fuera del vestido, encima del pecho postizo.*)

PEDRO.– Me encanta. Eres un hombre muy tierno.
ROSA.– (*Con signos de incomodidad.*) Pedro, así no puedo. Me muero de calor. Me duele el pecho.

(*Intenta quitarse la venda.*)

PEDRO.– (*Agarrándole las manos.*) Cállate. No lo estropees todo.
ROSA.– (*Muy sofocada.*) No puedo. ¡No puedo hacerlo así!
PEDRO.– Ven, vamos a la cama. (PEDRO *la levanta y prácticamente se la lleva a rastras hasta la cama. Allí la coloca encima de él y la aprieta entre sus piernas. Dándole el pene.*) Métemelo.

ROSA.– What?

PEDRO.– (*Fairly shouting.*) Fuck me with it!

ROSA.– Pedro!...

PEDRO.– (*Frantic.*) Don't call me Pedro!... Come on, put it in me, please... Put it in!

ROSA.– That does it! You've gone too far.

(*She tries to get up, but* PEDRO *grabs her and pulls her back.*)

PEDRO.– Don't leave me this way! I need you.

ROSA.– (*Angrily snatching the wig off his head and jumping out of the bed.*) The game's over!

(*She quickly takes off the suit.* PEDRO *looks at her sadly and a little confused.*)

PEDRO.– Aren't we going to celebrate Carnival in our costumes?

ROSA.– You want more Carnival? I know I've had enough for one day.

(*She quickly cleans off her face.*)

PEDRO.– But Rosa...

ROSA.– Just shut up! You're acting like a real jerk! I don't understand you. I don't understand anything. I don't know what you want. You're going to drive me nuts; and I do mean nuts! (*She puts on her coat.*) I'm going out for a walk. I've got to think.

PEDRO.– (*Grabbing her hand.*) Don't leave! I love you, I love you... (ROSA *yanks her hand away, opens the door and exits.* PEDRO *stands motionless as he looks at the door... He reacts suddenly by pounding the wall as he speaks.*) No!... No!... No!...

(*The front door then opens and* ROSA *enters again. Seeing how upset* PEDRO *is, she is frightened, goes over to the bed and sits down beside him.* PEDRO, *face down, does not dare to look at her. After a pause, she puts her hand on his shoulder.*)

Rosa.– ¿Qué dices?
Pedro.– (*Gritando.*) ¡Métemelo!
Rosa.– ¡Pedro...!
Pedro.– (*Totalmente descontrolado.*) No me llames Pedro...
    Penétrame, por favor... Penétrame.
Rosa.– No te pases. Ya está bien.

(*Intenta levantarse, pero* Pedro *la agarra y la tira hacia atrás.*)

Pedro.– No me dejes así. Te necesito.
Rosa.– (*Le arranca la peluca con rabia y salta de la cama.*) ¡Se
    acabó el juego!

(*Empieza a quitarse el disfraz a gran velocidad.* Pedro *la mira triste y confundido.*)

Pedro.– ¿No vamos al carnaval?
Rosa.– ¿Más carnaval? Por hoy ya he tenido bastante.

(*Sigue desmaquillándose rápidamente.*)

Pedro.– Pero, Rosa...
Rosa.– ¡Cállate ya! Eres un bestia. No te entiendo. No
    puedo comprender nada. No sé lo que quieres. Me
    vas a volver loca, ¡loca! (*Se pone el abrigo.*) Me voy a
    dar una vuelta. Tengo que pensar.
Pedro.– (*Agarrándole la mano.*) No te vayas. Yo te quiero.
    Te quiero... (Rosa *de un tirón suelta la mano. Abre la
    puerta y sale de la casa.* Pedro *se queda inmóvil mirando
    la puerta... Reacciona y dando puñetazos en la pared dice:*)
    ¡No...! ¡No...! ¡No...!

(*La puerta de la calle comienza a abrirse y* Rosa *aparece de
nuevo. Al ver a* Pedro *en ese estado se asusta y lentamente
va hacia la cama y se sienta.* Pedro *está boca abajo sin
atreverse a mirarla. Tras una pausa, ella le pone la mano
sobre el hombro.*)

Rosa.– Tell me what's the matter. (Pedro *does not respond*.) Tell me.

Pedro.– Nothing;... nothing's the matter.

Rosa.– Don't you want to tell me about it?

Pedro.– No, that's not it;... it's not that I don't want to. It's that... Oh, I don't understand it myself.

Rosa.– Tell me what you're feeling. Why did you do this?

Pedro.– Why did I do... what?

Rosa.– You're actually asking me "what"?... I'm talking about what happened here. You think what you did was... normal?

Pedro.– I don't know.

Rosa.– You must know, and you've got to tell me. Do it for me. I feel awful; awful... If you don't care about me any more, just come right out and tell me. I'd rather you just said it in so many words. I can't stand this!

Pedro.– I love you, Rosa.

Rosa.– But you really aren't attracted to me. You make me aware of it constantly. When I try to touch you at night, you pretend not to notice, but you just sort of push my hand away. And when I go to kiss you,... you turn the other way. Our kisses are so routine...

Pedro.– You know I come home bushed.

Rosa.– So what! You've got to do something about this problem. (*After a moment*.) I don't even feel like a woman any more. You make me feel ugly, unwanted...

Pedro.– Don't say that. You're beautiful; a dream come true.

Rosa.– No; I'm a flesh-and-blood woman. I need to feel wanted; I'm a real person, and I need you to look at me differently, with desire. But, Jesus Christ, for that to happen, you've got to disguise me! You've got to hide who I really am to...

Pedro.– (*Interrupting her*.) It was just a game.

Rosa.– That's not so! Just tell me. Are you in love with somebody else? Tell me.

Pedro.– I love you and only you. There is nobody else! Nobody!

Rosa.– Then,... what's the matter?

Pedro.– It's strange. I can't explain it.

Rosa.– Try,... please.

Pedro.– (*After a pause*.) When... When I was little, I could walk in high-heeled shoes better than my sister. She used to tell me that all the time...

ROSA.– Cuéntame qué te pasa. (PEDRO *no contesta*.)
Cuéntamelo.

PEDRO.– Nada... No me pasa nada.

ROSA.– ¿No quieres decírmelo?

PEDRO.– No, no es eso..., no es que no quiera. Es que... yo
tampoco lo sé.

ROSA.– Dime lo que sientes. ¿Por qué has hecho esto?

PEDRO.– He hecho..., ¿el qué?

ROSA.– ¿Todavía me preguntas el qué...? Todo lo que ha
pasado. Lo que has hecho... ¿Te parece normal?

PEDRO.– No lo sé.

ROSA.– Tienes que saberlo. Hazlo por mí. Estoy mal, muy
mal... Si ya no te gusto, dímelo. Prefiero que me lo digas claramente. ¡No lo soporto!

PEDRO.– Yo te quiero, Rosa.

ROSA.– Pero no te gusto. Lo sé. Lo siento a cada momento. Cuando te intento acariciar por las noches me
quitas la mano disimuladamente. Cuando te voy a
dar un beso tú..., tú lo cortas. Todos tus besos parecen
de despedida...

PEDRO.– Sabes que estoy cansado.

ROSA.– ¡Me da igual! Eres tú el que tiene que solucio-
narlo. (*Después de un instante.*) He dejado de sentirme
mujer. No me siento nada. Estás consiguiendo que me
vea fea, horrorosa...

PEDRO.– No digas eso. Eres muy guapa.

ROSA.– No, soy de carne y hueso. Necesito sentirme eró-
tica; persona. Necesito que te empalmes conmigo.
Que me mires con otros ojos. Dios, ¡me tienes que dis-
frazar! ¡Me tienes que esconder para...!

PEDRO.– (*Interrumpiéndola.*) Sólo ha sido un juego.

ROSA.– ¡Mentira! Dímelo. Si te has enamorado de otra
mujer, dímelo.

PEDRO.– Sólo te quiero a ti. ¡No hay nadie más! ¡Nadie!

ROSA.– Entonces... ¿Qué te pasa?

PEDRO.– Es algo extraño. No sé explicarlo.

ROSA.– Haz un esfuerzo... Por favor.

PEDRO.– (*Después de una pausa.*) Cuando..., cuando era
pequeño caminaba con tacones mejor que mi hermana. Ella me lo decía...

Rosa.– But,... what's that got to do with anything?

Pedro.– Look. Just now, when I put on those shoes, I felt just like back then;... that I know how to walk in heels. Isn't that crazy? (*He puts his hands to his head.*) Everything is up here, inside. You're in here too. It's like people are always looking for something. I have to be on guard all the time; I have to control myself, keep things in. Sometimes I feel like I'm going to explode.

Rosa.– Keep what in?

Pedro.– Everything. Sometimes it's so hard to be normal. I mean, sometimes I have feelings; urges... I can't even admit to myself.

Rosa.– Things you can't admit? What kind of urges?

Pedro.– They aren't exactly concrete. It's as though what's expected of me contradicts what... I am. I mean, sometimes it seems to go against... my internal desire or logic.

Rosa.– You mean what I expect from you?

Pedro.– It's not only what you expect. It's what everybody expects. Look, when I was little, all the boys on my street got together and tried to beat up the guys on the next street... I went along with them, but I was scared out of my mind. I was panicked.

Rosa.– That's logical. I'm sure the other kids were scared too.

Pedro.– In order to hide my fear, I shouted and laughed louder than anybody else. I always had to be on the front line, facing the enemy gang. I dared them to throw rocks. It made me seem bigger, somehow... I wanted them to see me as fearless and tough! A real little bully!

Rosa.– Little boys are like that...

Pedro.– Yes? Why? I... I felt so awful;... so awful. After our fights, I went out to a vacant lot behind my house and sat there all alone, just looking at the stars.

Rosa.– You've always been something of a loner. But that's all right. I like the way you are... You're a very private person, sort of like a stray cat. But that's not unusual... There are lots of kids,... lots of people who don't like throwing rocks at others. I'm scared, Pedro. I saw you aggressive just now, like I've never seen you before... You were in a frenzy; like you needed to destroy something.

ROSA.– Pero..., eso, ¿qué tiene que ver?

PEDRO.– Espera. Antes, cuando me puse los zapatos, sentí lo mismo... Que sé andar con tacones. Qué locura, ¿verdad? (*Llevándose las manos a la cabeza.*) Todo está aquí. Tú también estás aquí. Y la gente siempre buscando algo. Tengo que controlar continuamente para que no estalle. ¡Controlar...! ¡Controlar!

ROSA.– ¿Controlar el qué?

PEDRO.– Todo. A veces es tan duro ser una persona normal. Quiero decir que a veces uno tiene sensaciones o necesidades... inadmisibles.

ROSA.– ¿Inadmisibles? ¿Qué tipo de necesidades?

PEDRO.– No, no son cosas concretas. Es como si lo que esperan de ti estuviera en contradicción con..., o sea, rompiera tu lógica... tu lógica interna.

ROSA.– ¿Te refieres a lo que espero yo de ti?

PEDRO.– No sólo tú. Es todo el mundo, siempre. Mira, cuando era pequeño todos los niños de mi barrio jugaban a pelearse los de una calle contra otra... A veces yo también iba, pero no te puedes imaginar el miedo que llevaba, ¡el pánico!

ROSA.– Es lógico. Seguro que todos tenían miedo.

PEDRO.– Para vencerlo, gritaba y me reía más que ninguno. Siempre me ponía en primera línea, frente al bando enemigo, y desafiaba las piedras. Entonces sentía cómo crecía ante los demás... Buscaba sus miradas que me decían: "¡Eres un valiente! ¡Un machote!".

ROSA.– Pero los niños son así...

PEDRO.– ¿Sí? ¿Por qué? Yo... yo me sentía tan mal... Tan mal. Después me iba a un descampado que había detrás de mi casa y me sentaba. Solo. A ver las estrellas.

ROSA.– Ya sé que eres una persona solitaria. Eso a mí no me importa. Me gustas así... solitario. Eres como un gato de descampado. Pero eso no es nada extraño... Hay muchos niños..., muchas personas a las que no les gusta tirar piedras a otros. Estoy asustada, Pedro. Te he sentido agresivo como nunca. Era..., era como si no supieras lo que hacías. Como si necesitaras destruir algo.

PEDRO.– One day, my father slapped me in the face, you know? I was playing make believe; singing for my sister. I was all dressed up like some glamorous movie star of the past, like Marlene Dietrich or Marilyn Monroe. Anyway, we were having a great time. Then my father came in and smacked me. What really got to me was that he hit my sister too, and he said to her: "You're going to turn your brother into a damned queer."

ROSA.– But we all dress up and pretend to be other people when we're kids. What little boy never put on his sister's clothes? No, I don't understand the problem...

PEDRO.– From that day, I promised myself I'd be more masculine than anybody. I wasn't going to fail! Do you understand? I had to do what was expected of me. And I've spent my life doing things like that... And now, I don't know who I really am. I don't know myself. At my age, that's pretty scary, don't you think?...

ROSA.– You've always been a little... I don't know. But what you did today is... something else. It's a lot more serious.

PEDRO.– Yes, today I didn't give you what you wanted, and you did just like my father: you gave me a slap in the face.

ROSA.– A slap? I don't know what you mean...

PEDRO.– I've had it with conforming! Can't you understand that? I'm fed up with everybody telling me what I have to do, when I have to do it, who I have to do it with and how I have to do it... Didn't you want me to tell you what was bothering me? Well, that's it. It bothers the hell out of me that I always have to prove to everybody that I can throw rocks.

ROSA.– (Raising her voice.) I don't understand a thing! Stop talking in circles and come out with it. And take off that damn dress! I can't stand looking at it anymore!

PEDRO.– Then why don't you just look at me?

ROSA.– (Without looking at him.) I've seen enough of you... (Shouting.) I can't stand seeing you like that...

PEDRO.– Wait... Just look at me. Look at me carefully. Look at me. Look at me!

ROSA.– (She turns around and looks at him angrily.) What is it? What do you want?

PEDRO.– I like dressing this way...

PEDRO.– Un día mi padre me pegó una hostia, ¿sabes? Estaba cantando para mi hermana Piluca, disfrazado de Marisol. Nos lo estábamos pasando estupendamente. Llegó él y me dio una bofetada. Lo que más me jodió es que le pegara también a ella. Le dijo: "Vas a hacer de tu hermano un maricón".

ROSA.– Pero todos nos hemos disfrazado de pequeños. ¿Qué niño no se ha puesto los vestidos de su hermana? No, no te entiendo...

PEDRO.– Desde ese día me prometí a mí mismo demostrar que yo era más hombre que nadie. ¡No podía fallar! ¿Entiendes? Tenía que hacer lo que esperaban de mí. Y me he pasado la vida así; haciendo cosas que... Ahora ya no sé quién soy yo. No me conozco. Es absurdo, ¿no? A mi edad...

ROSA.– Siempre has sido un poco..., no sé. Pero lo que has hecho hoy es... es otra cosa. Es mucho más grave.

PEDRO.– Sí, hoy no te he dado lo que querías y entonces tú has hecho lo mismo que hizo mi padre: me has dado una hostia.

ROSA.– ¿Que yo te he dado una hostia? ¿Yo? No sé lo que quieres decir...

PEDRO.– ¡Que estoy harto! ¿Eso lo entiendes? Que estoy hasta los cojones de que me digan lo que tengo que hacer, cuándo lo tengo que hacer, con quién lo tengo que hacer, cómo lo tengo que hacer... ¿No querías que te contara lo que siento? Pues eso es lo que siento: que siempre tengo que estar demostrando a alguien que sé tirar piedras.

ROSA.– (Levantando la voz.) No entiendo nada. Háblame claro de una vez. ¡Y quítate esa ropa! ¡No lo soporto más!

PEDRO.– ¿Por qué no me miras?

ROSA.– (Sin mirarle.) Ya te he visto suficiente... (Gritando.) No aguanto verte más así...

PEDRO.– Espera... Mírame bien. Mírame. ¡Mírame!

ROSA.– (Se da la vuelta y le mira violentamente.) ¿Qué? ¿Qué quieres?

PEDRO.– Me gusta estar así...

(*Not allowing* PEDRO *to finish,* ROSA *leaps at him and furiously rips the dress in an attempt to get it off; then she begins to hit* PEDRO...)

ROSA.– Take that damned thing off! Take off all that shit! You look like a damn queer! Like some freaking faggot!

PEDRO.– (*Taking her hands to calm her.*) Please! Calm down! I'll take everything off, if that's what you want. (*He drops her hands and begins to undress quickly. Exhausted and emotionally drained,* ROSA *throws herself on the bed and puts a pillow over her head as* PEDRO *finishes removing his disguise.*) I wanted you to help me, but you didn't even want to hear me out... You were the only person who could have understood... Or at least, that's what I thought. I always heard that love made people understand everything,... but it's a lie... It's a fucking lie! I can't *look* at myself, and you don't want to *see* who I really am.

(*He begins to put on his clothes: trousers and a white shirt. After removing quickly the last of the make-up, he sits at the desk and takes out some papers and books.* ROSA *turns over in bed and looks at him. On seeing him in his customary clothes, she gives a little start, as though she had just awakened from a bad dream. She sits up on the side of the bed pensively. She wants to say something, but doesn't know how to begin. She hesitates before speaking.*)

ROSA.– Pedro... (PEDRO *makes no response.*) Pedro!
PEDRO.– (*Without looking up from his work.*) Yes?
ROSA.– I'm sorry, Pedro; I overreacted, and...
PEDRO.– (*Interrupting her.*) No problem. Actually, I was just spouting off a bunch of nonsense.
ROSA.– No; not at all. I really want you to talk... I need for you to. And then finally, when you open up to me, I don't handle it very well. I'm the one who acted stupid. It's just that you scared me. I'm sorry.
PEDRO.– No big deal...
ROSA.– Oh, but it is. (*After a moment of silence.*) You... At heart, you're very sensitive... I noticed that right away the first time we met. There was something special about you;... a different way of looking at things. Then, later...

(ROSA *no le deja acabar. Se lanza hacia él e intenta desnu-darle a la fuerza, le rasga el vestido en un intento de sacár-selo. Le golpea...*)

ROSA.– ¡Quítate eso! ¡Quítate toda esa mierda! ¡Pareces un maricón! ¡Maricón!

PEDRO.– (*Le sujeta las manos para que se tranquilice.*) ¡Estáte quieta! ¡Me voy a quitar todo si tú quieres! (*La suelta y comienza a desnudarse con rapidez.* ROSA, *extenuada, se tira en la cama y se pone la almohada sobre la cabeza.* PEDRO, *mientras se quita el disfraz, dice:*) Me hubiera gustado que me ayudaras, pero ni siquiera me has querido oír... Eras la única persona que lo podía comprender... Eso creía yo. Dicen que cuando se ama se comprende todo... Pues es mentira... ¡Es una puta mentira! Yo no me pue-do mirar y tú no me quieres ver.

(*Se va poniendo su ropa: unos pantalones de tergal clásicos y una camisa blanca. Se quita el maquillaje deprisa. Se sienta en la mesa y comienza a sacar libros y papeles.* ROSA *se da la vuelta en la cama y le mira. Al verle vestido como siempre, con su aspecto habitual, da un respingo como si estuviera despertando de una pesadilla. Se sienta sobre la cama y queda pensativa. Intenta hablar, pero no sabe qué decir. Duda.*)

ROSA.– Pedro... (PEDRO *no contesta.*) ¡Pedro!

PEDRO.– (*Siguiendo con su trabajo.*) ¿Qué?

ROSA.– Lo siento, Pedro, pero es que me he puesto ner-viosa y...

PEDRO.– (*Interrumpiéndola.*) No te preocupes, si en reali-dad lo que te estaba contando era una tontería.

ROSA.– No, no es ninguna tontería. Si yo quería hablar, si yo... lo necesitaba. Para una vez que te pones a con-tarme cosas reacciono como una histérica. Me has da-do miedo. Perdona.

PEDRO.– No tiene importancia...

ROSA.– Sí, sí que tiene importancia. (*Hay un silencio.*) Tú... tú en el fondo eres una persona muy sensible... Cuan-do te conocí me di cuenta enseguida. Tenías algo... Tenías otra forma de mirar. Después...

PEDRO.– (*Continues working as he interrupts her.*) Rosa, honey, drop it, will you? We should just forget what happened tonight.

ROSA.– I can't forget it. I need to know the whole truth.

PEDRO.– The truth is that we're together, right?

ROSA.– Yes, but let's be honest, Pedro. Things aren't going very well...

PEDRO.– Don't worry. It's not your fault. It's my problem, and I'll solve it. (*Looking at her affectionately.*) And how could you ever think of yourself as ugly?

ROSA.– How are you going to solve the problem?

PEDRO.– I need a vacation; I gotta get some rest.

ROSA.– You think the whole problem is overwork?

PEDRO.– Of course it is; you don't know what it's like, having to put up with the same idiots every day at the office,... going over the same boring papers every day, hearing the same dumb conversations.

ROSA.– And what about your childhood and what you told me?

PEDRO.– Look, Rosa, when things aren't going well, our mind does funny things. We say things we shouldn't, and we blame the wrong people. In a nutshell, we sort of go off the deep end. (*Convincingly.*) There's really nothing wrong; I was just having a bad day, honest.

ROSA.– And... And what you said about wanting to be a... that you like to dress up that way...

PEDRO.– I'd like to be a lot of things I'm not, just like everybody. I'd like to be smarter. I'd like to be more popular, more important, have more money. I'd like to be a good person and be good looking, too, like you.

ROSA.– And that part about wanting to be a woman?

PEDRO.– No; you misunderstood. I was playing at finding new things, you know? It was like a game, getting caught up in new situations; pretending to be completely different; just anybody else.

ROSA.– But I want you to be who you are. I don't want you to be a different person. (*Closing his books firmly.*) Give up the afternoon classes. I can get some kind of a job.

PEDRO.– Don't be silly. We've already gone over that. I don't want you to...

PEDRO.– (*Que sigue a lo suyo, la vuelve a interrumpir.*) Rosa, cariño, déjalo, ¿quieres? Es mejor que nos olvidemos de lo que ha pasado esta noche.

ROSA.– Yo no me puedo olvidar. Necesito que me digas toda la verdad.

PEDRO.– La verdad es que estamos juntos, ¿no?

ROSA.– Sí, pero no nos engañemos, Pedro. La cosa no va bien...

PEDRO.– No te preocupes. Tú no tienes la culpa. Son neuras mías y yo lo voy a solucionar. (*La mira con cariño.*) No sé cómo puedes verte fea.

ROSA.– ¿Cómo lo vas a solucionar?

PEDRO.– Necesito unas vacaciones. Tengo que descansar.

ROSA.– ¿Tú crees que la culpa de todo esto la tiene el trabajo?

PEDRO.– Claro. No sabes lo que es estar aguantando siete horas diarias a los mismos gilipollas... Viendo todos los días los mismos papeles. Escuchando las mismas memeces.

ROSA.– ¿Y lo de tu niñez, eso que me has contado?

PEDRO.– Mira, Rosa, cuando a uno le van mal las cosas empieza a desvariar. A decir lo que no debe decir. A echar la culpa a quien no la tiene. En una palabra: a sacar las cosas de quicio. (*Convincente.*) No pasa nada, ha sido un mal momento, sólo un mal momento, te lo prometo.

ROSA.– Y... Y lo de que te gustaría ser... lo de que te gustaría ser como estabas antes...

PEDRO.– Me gustaría ser muchas cosas que no soy, como a todo el mundo. Ser más inteligente, más simpático, más importante, ganar más dinero. Me gustaría ser bueno y guapo como tú.

ROSA.– ¿Y lo de ser mujer?

PEDRO.– No, no me has entendido. Se trataba de jugar a encontrar cosas nuevas, ¿entiendes? A dejarnos llevar por las situaciones. A soñar que somos otros. Cualquiera.

ROSA.– Yo quiero que seas como eres. No quiero que seas otra cosa. (*Decidida, le cierra los libros.*) Deja las clases. Deja las clases. Yo puedo buscarme un trabajo de lo que sea.

PEDRO.– No digas tonterías. Ese tema ya lo tenemos muy hablado. No quiero...

ROSA.– I've got to help you. You're working too hard.

PEDRO.– You help me by just being here. I don't want you working at just any old job out there... I want you here, presiding as queen over our castle.

ROSA.– You really want me to be your queen?

PEDRO.– (*After a short pause, he looks at her lovingly.*) Yes, my only queen.

ROSA.– Know something? When I was a little girl, I loved to play cowboys and indians with the boys. You should have seen me screaming at my horse... and galloping around firing a cap pistol... I was a real little tomboy!...

PEDRO.– I guess we're a couple of weirdos.

ROSA.– What do you mean? The weirdos are the other guys! Those complacent jerks who drift through life just doing what they're told. I don't give a damn about what other people think.

PEDRO.– You're beginning to sound like some wild-eyed revolutionary...

ROSA.– Well, yeah. And why not? Sure I'm a wild-eyed revolutionary... And your father's a son-of-a-bitch!...

PEDRO.– (*Laughing.*) Hey, you're really into this, aren't you?

ROSA.– (*After a moment's reflection.*) Are you sure I'm the only one you want?

PEDRO.– Of course, silly.

ROSA.– (*Standing behind* PEDRO, *she hugs him timidly.*) Then,... why don't we have a baby?

PEDRO.– (*Pulling away from her.*) Because we can't. We can't give a baby the things I want it to have.

ROSA.– Maybe a baby would bring us luck.

PEDRO.– Oh, please. You're always harping on the same theme.

ROSA.– But I'm sure...

PEDRO.– (*Getting up brusquely.*) All this excitement makes me hungry. What do we have around here to eat?

ROSA.– (*Standing motionless.*) No doubt about it, the other you– the evil twin–is back. (*She laughs bitterly.*) How silly! The power of make-believe! Right?

PEDRO.– (*Who returns eating an apple.*) What did you say?

ROSA.– The power of make-believe! Don't you agree?

PEDRO.– Yes... (*Offering her some of his apple.*) Want a bite? (*Deep in thought,* ROSA *does not respond.* PEDRO *looks at her for a moment then goes back to work.*)

ROSA.– Te tengo que ayudar. Te estás desbordando.

PEDRO.– Ya me ayudas con estar a mi lado. No quiero que trabajes y te puteen por ahí... Voy a arreglarlo todo para tenerte como una reina.

ROSA.– ¿De verdad quieres que sea tu reina?

PEDRO.– (*Después de una pausa la mira con profundo amor.*) Sí, mi única reina.

ROSA.– ¿Sabes una cosa? Cuando yo era pequeña me gustaba jugar a burro va y a dola, y no veas cómo metía las canicas en el gua. Y a las chapas... unos golazos... ¡Era una bestia...!

PEDRO.– Somos dos anormales.

ROSA.– ¡Qué va! Los anormales son los otros. Los que se empeñan en hacer lo que se les manda. A mí me da igual lo que piense la gente.

PEDRO.– No, si tú eres una revolucionaria...

ROSA.– Pues sí, mira, ¿por qué no? Yo soy una revolucionaria... ¡Y tu padre era un cabrón...!

PEDRO.– (*Riéndose.*)¡Estás embalada! ¿Eh?

ROSA.– (*Después de un tiempo.*) ¿La única?

PEDRO.– Claro, tonta.

ROSA.– (*Agarra a* PEDRO *por detrás y casi sin atreverse.*) Entonces... ¿Por qué no tenemos un hijo?

PEDRO.– (*Separándose.*) Porque no podemos. No podríamos darle lo que yo quiero que tenga.

ROSA.– A lo mejor nos trae suerte.

PEDRO.– No seas pesada. Aprovechas cualquier momento para volver a la carga.

ROSA.– Es que estoy segura...

PEDRO.– (*Levantándose bruscamente.*) Con tantas emociones me ha entrado hambre. Voy a ver qué hay por aquí.

ROSA.– (*Inmóvil.*) Ya sí que no hay duda. Vuelves a ser el de siempre. (*Riéndose amargamente.*) ¡Qué tontería! Lo que hace un disfraz, ¿verdad?

PEDRO.– (*Que vuelve comiéndose una manzana.*) ¿Qué decías?

ROSA.– ¡Que lo que puede hacer un disfraz! ¿Verdad?

PEDRO.– Sí... (*Le ofrece manzana.*) ¿Quieres? (ROSA *está abstraída en sus pensamientos y no le contesta.* PEDRO *la mira un momento y vuelve a ponerse a trabajar.*)

ROSA.– (*Holding her head.*) I'm tired; really beat. I'm going to
bed.
PEDRO.– All right. I'm going to stay up a while longer and
work. I can prepare my classes for Monday.
ROSA.– Sure

(ROSA *puts on a nightie and gets into bed. She turns off the bedside lamp, leaving the room in semi-darkness.*)

PEDRO.– Goodnight, my queen.
ROSA.– Goodnight.

(*Alone now,* PEDRO *puts down the apple. Pause. He reads what he
has written and suddenly crumples up the paper. He doesn't know
what to do. At last, he makes a decision and closes the books. He
glances at the make-up, the dress tossed on the floor, the stockings,
the gloves... Then he begins quickly to gather up everything. He
searches for the wig and, finding it behind the bed, very quietly
picks it up as he looks at* ROSA, *who appears to be sleeping.*)

PEDRO.– Rosa!... Rosa!... You awake?

(ROSA *does not respond.* PEDRO *goes toward the dressing table
and puts on the wig and other parts of his costume. A tube of lipstick falls to the floor.* PEDRO *picks it up, takes off the top and
swivels the base until a bright red shaft of color emerges. He turns
toward the mirror and paints his lips timidly. At that moment,*
ROSA *turns over. Startled,* PEDRO *wipes the lipstick off on his
sleeve. Like someone caught in the act, he stands paralyzed, holding his breath as he looks at himself in the mirror and awaits what
he considers the inevitable. Since* ROSA *makes no sound,* PEDRO
*begins to breathe again. Then he makes a decision. Picking up a
bag, he methodically puts everything–wig, purse, shoes, etc.–into
it. Bag in hand, he goes toward the door; he takes his raincoat off
the hanger, puts on the coat and opens the door. At that moment,
the bedside lamp goes on.*)

ROSA.– (*Sujetándose la cabeza.*) Estoy cansada. Agotada. Me voy a acostar.

PEDRO.– Vale, yo me quedo a trabajar un rato y así aprovecho y preparo las clases para el lunes.

ROSA.– Claro.

(ROSA *se pone su camisón y se mete en la cama. Apaga la luz de la mesilla de noche y la zona del dormitorio queda a oscuras.*)

PEDRO.– Buenas noches, reina.

ROSA.– Buenas noches.

(PEDRO *se queda solo y rápidamente abandona la manzana sobre la mesa. Un tiempo. Comienza a leer los papeles que ha estado escribiendo y súbitamente los arruga con fuerza entre sus manos. No sabe qué hacer. Por fin se decide y comienza a cerrar los libros. Observa las cajas de maquillaje, el vestido tirado por el suelo, las medias, los guantes... Y comienza a recoger todo automáticamente. Busca la peluca y ve que está detrás de la cama donde duerme* ROSA. *Se acerca sigilosamente y la recoge. Mira hacia la cama y dice:*)

PEDRO.– ¡Rosa...! ¡Rosa...! ¿Estás despierta?

(ROSA *no contesta.* PEDRO *va hacia la mesa y pone la peluca con los demás elementos del disfraz. Una barra de carmín cae al suelo.* PEDRO *la recoge y quita la tapa haciendo girar la rosca hasta que sale una barra de carmín rojo brillante. Se vuelve hacia el espejo y se pinta los labios con timidez. En ese momento* ROSA *se da una vuelta en la cama.* PEDRO, *sobresaltado, se limpia la boca con la manga de la camisa, que se mancha de rojo. Queda estático, como si no pudiera ni respirar, mirándose al espejo y esperando lo inevitable. Pero la voz de* ROSA *no se oye y* PEDRO *respira de nuevo. Entonces toma la decisión; coge una bolsa y despacio, pero con energía, va guardando todas las cosas: la peluca, el bolso, los zapatos... Todo. Con la bolsa en la mano se dirige a la puerta de salida y coge del perchero su gabardina. Se la pone. Abre la puerta. En ese mismo momento se enciende la luz del dormitorio.*)

ROSA.– Where are you going?
PEDRO.– (*Petrified.*) I'm not sleepy, you know? So... I thought...
I'd just go out for a walk; maybe lose myself in the crowds...

(ROSA *gets up, and* PEDRO *leans on the door, feeling unable to do anything else.*)

ROSA.– Wait! (*She goes over to the table where there is more light.*)
Come here. (PEDRO *goes toward her slowly.*) Your lipstick isn't
on straight. (*She takes the lipstick and retouches his mouth very carefully. Then she looks at him.*) That's the way it ought to be.
(PEDRO *makes an effort to say something, but he can't.* ROSA *is very quiet.*) Just a minute! (*She goes over to the vase where she put the flowers and picks out a rose. She cuts the stem and, returning to* PEDRO, *places it carefully in the lapel of his coat. She steps back to observe him. Then she shakes her head. She removes the rose and hands it to him.*) Here. You should decide where
you want to wear it. (*With a pleasant smile.*) Happy Carnival!

(PEDRO *returns the smile timidly and, without saying a word, leaves, closing the door behind him.* ROSA *stands looking at the door for a long moment. A strange chill comes over her, and she starts to tremble as she looks around at the disorder of the empty room. She needs a cigarette. Remembering that they are in the Bogart coat pocket, she picks up the suit and looks at it... She touches it and takes the cigarettes out of the pocket. She walks slowly toward the record player and puts on the same album heard as she and* PEDRO *were making believe. Her gaze falls on Bogart's hat; she picks it up, puts it on and looks toward the bed where* PEDRO *had pretended to be someone else and she smiles; then laughs. She mimes a conversation and seems to say "no." Then she offers a cigarette and, in general, plays at being seductive. Suddenly her smile freezes, and she hugs the bed in a desperate attempt to keep from crying.*)

THE LIGHTS GO DOWN SLOWLY

ROSA.– ¿Adónde vas?

PEDRO.– (*Petrificado.*) No tengo sueño, ¿sabes? Y... he
pensado... que me vendría bien dar una vuelta. Me
voy al carnaval...

(ROSA *se levanta y* PEDRO *se apoya en la puerta incapaz de
hacer nada.*)

ROSA.– ¡Espera! (*Se acerca a la mesa donde hay luz.*) Ven.
(PEDRO *se acerca lentamente hacia ella.*) Se te ha corrido
el carmín. (*Toma la barra de labios y le retoca la pintura de
la boca con detenimiento. Le mira.*) Así. (PEDRO *hace un
esfuerzo por decir algo, pero no lo consigue.* ROSA, *tranquila:*) ¡Un momento! (*Se acerca al jarrón donde puso las
flores y coge una rosa. Le corta el rabito y volviendo hacia*
PEDRO *se lo coloca en la abertura del abrigo. Se separa de él
para mirarle. Comienza a negar con la cabeza. Entonces se
lo quita del ojal y le dice:*) Toma. Luego te lo pones donde quieras. (*Con una sonrisa abierta.*) Feliz carnaval.

(PEDRO *le devuelve la sonrisa con timidez y, sin decir nada,
sale de la casa y cierra la puerta.* ROSA *se queda mirando la
puerta unos instantes. Un frío extraño que la hace temblar
empieza a apoderarse de ella. Mira la casa desordenada y
vacía. Necesita un cigarro. Entonces se acuerda de que están dentro del bolsillo del traje de Bogart. Lo saca y lo mira... Lo toca. Saca el tabaco y lentamente va hacia el toca-
discos. Pone el mismo disco que estaba sonando antes,
cuando jugaban juntos. Su mirada choca ahora con el sombrero de Bogart, va hacia él y se lo pone. Mira la cama donde* PEDRO *se sentó para "hacer de otro" y sonríe. Luego se
ríe, luego charla, niega, ofrece un cigarro, intenta estar seductor. Súbitamente su risa se congela y se abraza a la cama en un intento desesperado de contener su llanto.*)

SE VA HACIENDO OSCURO

¿TENGO RAZÓN O NO?

AM I RIGHT OR NOT?

Concha Romero

CHARACTER

CARLOS

PERSONAJE

CARLOS

(In a modest living room, a lamp is lit; on top of a minibar, a telephone. Door stage left leads outside; door stage right leads to interior rooms. An invisible clock strikes midnight as CARLOS, *forty-ish, wearing a trench coat and carrying a briefcase, enters through the left door.)*

CARLOS.– María! María!...

(Receiving no response, he goes through the door stage right. His voice is heard offstage.)

María! María! *(Entering again.)* Damn! For this I came rushing home! If I had known she wasn't going to be here... *(Taking off his coat.)* Where could she have gone, anyway? I'll bet one of her aunts had a little backache. Either people shouldn't have so many aunts or they shouldn't worry about them so much. Oh, well, everybody needs something to occupy their time, and all things considered, she could have taken up worse things. *(*CARLOS *pours himself a drink.)* It shouldn't bother me, but... Hell, it does bother me, and I'm not sure why. One of life's little mysteries, I guess. But what gets to me isn't that she is over there taking care of her aunt; it's that she's not home when I get here, especially when I've sacrificed so she wouldn't be mad. Am I right or not? I don't know whether to go to bed or to wait up for her. I'm not sleepy. I guess I'll have another drink.

(He pours himself a second drink and turns on the radio. After taking a sip of his drink, he picks up the telephone and dials a number.)

(Salita de estar de un piso modesto. Teléfono y una mesita mueble bar. Dos puertas, a izquierda y derecha, comunican con el exterior y con las habitaciones interiores. La luz está encendida. Suenan doce campanadas de un reloj imaginario. CARLOS, de unos cuarenta años, entra con gabardina y maletín por la izquierda.)

CARLOS.– ¡María, María...!

(Al no obtener respuesta entra por la puerta derecha llamando a MARÍA.)

(Off.) ¡María..., María...! *(Entrando en escena de nuevo.)* ¡Y para esto he venido tan pronto! ¡Si llego a saber que no estaba...! *(Quitándose la gabardina.)* ¿Adónde habrá ido? Seguramente a alguna de sus tías le ha dado un zamacuco. ¡Es que no se pueden tener tantas tías ni preocuparse tanto por ellas! En fin, cada uno tiene sus *hobbies* y, dentro de lo que cabe, éste es de los menos malos. *(CARLOS se sirve una copa.)* No debería molestarme, pero el caso es que me molesta, no sé muy bien por qué. Misterios de la vida. Aunque lo que realmente me molesta no es que vaya a cuidar a su tía, sino que no esté en casa cuando yo llego, sobre todo si he venido corriendo para que no se enfade. ¿Tengo razón o no? No sé si acostarme o esperarla. Sueño no tengo. Me tomaré otra copa.

(Se sirve otra copa y pone la radio. Da un sorbo. Marca un teléfono.)

Did I wake you?... Were you in bed?... No, I'm alone...
Yeah, at home. María is out... Ha, ha, ha. And there we
were, all cozy and warm! I really hated to leave today. It
was so cold outside... Really freezing! It was a job scraping
all that ice off the windshield... Yes, we're having some
weird weather... That's what I think too: I really should
have stayed a while longer, but you know how my wife is.
If I don't make it home for dinner, she pouts, and if I'm
not in by midnight, she's hysterical... Dinner! Is dinner
more important than lunch? What's the big deal?... To the
movies? We could go to a matinee, I guess; there are fewer
people... I don't know what you're complaining about; I
spend more time with you than I do with her... Do I love
you? What a question! How can you doubt it?... Leave her
and go off with you?... Yes, I'm surprised. It's the first
time you've said anything like that. I thought you were a
confirmed bachelor girl, to hear the way you talk about
marriage!... Right; my report isn't exactly glowing either.
But at least I know what I'm talking about, and you've always lived alone... Well, sure; marriage has some advantages, but a lot more disadvantages... Which ones? Well, I
don't know. You feel like there's always somebody looking over your shoulder or spying on you. It's like when
you were a little kid, and you had to explain where you
were and what you were doing. But, what the heck; with a
little imagination and a few creative excuses, you can get
around all that and end up doing pretty much as you
please. Women are gullible, you know; they buy almost
anything... No, I would never lie to you, baby... Get married? Don't scare me like that! What for? Aren't we fine
just the way things are?...

(*As he listens to a long response from the woman on the other end
of the line,* CARLOS *grimaces his displeasure. He obviously doesn't
want to be bothered.*)

Hey; hang on a minute. I just heard the elevator; must be
María. I gotta go! See ya tomorrow.

(CARLOS *hangs up with a sigh of relief.*)

¿Te he despertado...? ¿Estabas en la cama...? No, estoy solo... Sí, en casa... María ha salido... Ja, ja, ja. ¡Y con lo calentitos que estábamos! Hoy me ha dado verdadera pereza salir. Hacía tanto frío en la calle... Tres bajo cero. Trabajo me costó quitar el hielo del coche... Sí, el tiempo está muy raro... Lo mismo pienso yo, debería haberme quedado un rato más, pero ya sabes cómo es mi mujer, si no llego a cenar se enfada y si dan las doce y no he aparecido se pone histérica... ¡Cenar, cenar! ¿Qué más te da cenar que almorzar...? ¿Al cine? Al cine podemos ir a las cuatro, a las siete. Es mucho mejor, hay menos gente... No sé de qué te quejas si paso contigo más tiempo que con ella... ¿Que si te quiero? ¡Vaya pregunta! ¿Es que lo dudas...? ¿Que la deje y me vaya a vivir contigo...? Sí, claro que me ha sorprendido. Es la primera vez que me lo dices... Creí que eras una fanática de la soltería. ¡Como siempre hablas pestes del matrimonio...! Tienes razón, yo tampoco hablo demasiado bien, pero lo hago con conocimiento de causa, en cambio tú siempre has vivido sola... Bueno, algunas ventajas tiene aunque, claro, bastantes más inconvenientes... ¿Cuáles? Pues, no sé..., te sientes como vigilado, como un niño pequeño teniendo que dar cuentas de dónde has ido y de dónde has venido... pero, vamos, con un poco de imaginación y unas excusas bien preparadas, no es muy grave la cosa, acabas haciendo lo que quieres. Las mujeres se tragan bien las bolas. Es fácil... ¡No, mi vida! A ti nunca te mentiría... ¿Que te han entrado unas ganas irrefrenables de casarte? No me asustes. ¿Para qué? ¿No estamos bien así...?

(*Mientras escucha la larga réplica de la mujer,* CARLOS *hace gestos de contrariedad. Es evidente que no quiere problemas.*)

Perdona un momento, he oído el ascensor. Debe ser María. Te cuelgo. Hasta mañana.

(CARLOS *cuelga el teléfono aliviado.*)

That does it! Now she's gone and spoiled everything! Another one that wants to get married! I know from experience that this is the beginning of the end and that things can only go downhill from here on out. And I don't want any problems; I've got enough of those already. So that's it. So long, Toots; I'm outta there.

(CARLOS *drains the last drop from the glass.*)

I often ask myself what it is about me that drives women crazy. Do you people understand it? I don't either. But that's the way it is. Whatcha gonna do? Women just go wild over me. And I'm not even a banker, or a politician, or an actor; although I must have some theatrical talent. I guess we'd have to ask the women what it is I have, ha, ha. Now you take Susi, for example. She told me I was sweet, but Maruchi said I was tough. Encarnita called me an angel, and Celia said I was a devil. Who understands women, anyway? It's like my father always said: whoever understands 'em can have 'em! Ha, ha, ha. The funny one, though, was Casilda, with all her airs; so sure of herself; a real woman of the world. You know what she used to say to me after we made love? "Carlos, you stud you; you really know how to do it; I mean, really." Then she'd hop out of bed and say: "Hey, big guy, you earned it; I'll get you a drink. What do you want? The usual?" But she fell apart, poor thing, when I dropped her; just went into a tailspin and never came out of it. Do you understand that? Well, I don't either. Another one of life's little mysteries... And what about Amalia? What do you suppose ever became of her?

(*Slapping his forehead.*)

Carlos, you jackass; how could you forget she committed suicide over you? Don't you remember the letter she wrote just before downing two bottles of Valium? "I can't live without you!" That's what she said. Poor girl! I can still hear her words. How gruesome! I didn't even get her letter until a month later. Isn't that something? The mail service is a disaster! She only lived three blocks away! Why would she do a dumb thing like that, with the body she had on her! I

¡Ya se me estropeó el rollo! ¡Otra que se quiere casar! De sobra sé por experiencia que después de esta proposición no puede venir nada bueno. Y yo no quiero problemas, bastantes tengo ya. Así que, monada, adiós, adiós para siempre adiós. Y a otra cosa, mariposa.

(CARLOS *apura la copa.*)

Me pregunto qué tendré yo para gustarle tanto a las mujeres. ¿Ustedes lo comprenden? Tampoco yo. Pero es así, ¡qué le vamos a hacer! Se chiflan por mí. Y eso que no soy banquero, ni político, ni artista, aunque algún arte digo yo que tendré, y si no que se lo pregunten a ellas, ja, ja, ja... Susi decía que era muy tierno y Maruchi que muy duro. Encarnita me llamaba "ángel" y Celia "demonio". ¡A ver quién entiende a las mujeres! Lo que decía mi padre, ¡quien las entienda que las compre! Ja, ja, ja. La que tenía gracia era Casilda, dándoselas de importante, de segura, de mujer de mundo experimentada. ¿Sabéis qué me decía cuando acabábamos de hacer el amor? "Carlos, macho, funcionas muy bien, pero que muy requetebién". Y se levantaba de un brinco. "Te lo has ganado, tío, voy a servirte una copa ¿qué quieres, lo de siempre?". Se desplomó la pobre cuando dejé de verla. Tuvo una gran depresión y ya no levantó cabeza, ¿ustedes lo comprenden? Pues yo tampoco. Otro misterio de la vida... ¿Y Amalia? ¿Qué habrá sido de Amalia?

(*Dándose un golpe en la frente.*)

Pero Carlos, burro, ¿cómo has podido olvidarla si se suicidó por tu amor? ¿Es que ya no recuerdas la carta que te escribió antes de tomarse las dos cajas de Valium? "No puedo vivir sin ti". ¡Pobrecilla! Parece que la estoy oyendo. ¡Qué macabro! Y yo que recibo la carta un mes después. ¡Qué barbaridad, cómo está el correo! Y eso que vivía a tres manzanas de aquí. ¿Por qué haría una cosa así, la idiota? ¡Con lo buena que

just don't understand women. Why do they suffer so much and take things to heart so? I guess I just have to accept it: I'm unique, irresistible, wonderful; I'm a superman; I can do it right, and any time, any place. I'm your macho man, your Latin lover; I'm Julio Iglesias and Antonio Banderas all rolled into one; a real Don Juan. No, no; forget Don Juan; he's nobody beside me; I've never had to chase women. They just fall at my feet. They're the ones who do the chasing and the seducing. They give me the eye, then they sidle up to me; they smile, they talk all soft and husky, and that's it: I'm hooked. I guess I'm just weak. But what can I do? But they offer themselves up on a silver platter! It's all so easy!... Women need me so much that there isn't enough of me to go around. The bad part is that every once in a while, I have to do the sex thing with my wife, too, and I find that more and more of a chore. She's let herself go, you know, really looks a lot older. After having pneumonia that time, she really went downhill; just never bounced back. Of course, she's over forty and, with women, time takes its toll, you know. But that's not the way it is with me. I could pass for thirty any day. I get better all the time, and these graying temples just make me more interesting. What I don't understand is why I didn't sample all those goodies out there before I got married. In those days, no bar hopping, no cruising for chicks; no nothing. Then, when I got married, and I don't know why, as though by magic I got women swarming all over me, like bees after honey! Do you people understand that? I don't either. Another mystery. Do you suppose my wife is somehow the magic potion? Ha, ha, ha! Wouldn't it be funny if she were providing the sex appeal? And speaking of my wife, now she's all uptight about this apartment! She's gotten it into her head that we have to buy a house! With the price of real estate in the city these days! There's no way I'm going to buy a house! Oh, no, no, no! I'm not going to mortgage my life. I'm not going to put up with it! Who can afford a house in times like these? Your average person, no way, uh-uh. I was just listening to the radio in the car on the way home. They were interviewing a banker; Alberto, I think his name was. He said that the price of property was going to keep going up until the year 2000.

estaba! De verdad que no entiendo a las mujeres. ¿Por qué sufrirán tanto? ¿Por qué se lo tomarán tan a pecho? Nada, que me lo voy a tener que creer. Que no me va a quedar otro remedio que pensar que soy único, insustituible, superdotado, un *superman*, un todo terreno, un Rodolfo Valentino, un gran seductor, un verdadero Don Juan. No, Don Juan, no. Don Juan a mi lado se queda chico. Todavía está por ver que yo persiga a una tía. A mí se me rinden. A mí me conquistan todas. Me miran, se acercan, sonríen, me hablan y ya está, ya me enrollaron. ¡Si es que soy débil, qué le voy a hacer! ¡Si es que me lo ponen en bandeja! ¡Si es que está tirado...! Con lo salidas que están las mujeres, uno no da abasto. Lo malo es que de vez en cuando tengo que cumplir con mi legítima y cada día me apetece menos. Se ha estropeado mucho. En muy poco tiempo se ha vuelto vieja. Con la pulmonía que tuvo dio un bajón y no se ha recuperado. Claro que tiene más de cuarenta y en una mujer los años no pasan en balde. En cambio, a mí, nada. Parece que tengo treinta. Cada día estoy más en forma y estas canas hasta me hacen interesante. Lo que no me explico es por qué antes de casarme no me comía una rosca, es que no ligaba nada, pero nada de nada, y en cuanto me casé, sin saber por qué, por arte de birlibirloque, ¡así las tengo, así, detrás de mí como moscas! ¿Ustedes lo comprenden? Yo tampoco. Otro misterio al saco. ¿Será que mi mujer me sirve de amuleto? Ja, ja, ja. ¡Tendría gracia que el *sex appeal* me lo diera ella! ¡Y lo pesada que se ha puesto con lo del piso! Nada, que se le ha metido en la cabeza comprar un piso. ¡Y cómo están los pisos en Madrid! ¡Que no compro yo un piso, que no! Que no hipoteco mi vida. ¡Si esto no puede seguir así! ¿Quién puede comprar un piso hoy día? La gente corriente, desde luego que no. Tiene gracia..., venía yo en el coche oyendo la radio..., le estaban haciendo una entrevista a un banquero, Alberto me parece que se llamaba, y decía el tipo que los pisos iban a seguir subiendo hasta el año 2000. ¡Qué listos! Para que la

Boy, are those guys slick! If people believe that stuff, they'll keep buying houses like crazy, and of course the prices will go up! I was so pissed I changed the station. Found one where a psychic was claiming just the opposite; that real estate was going down beginning in July. Frankly, between the banker and the psychic, I'd put my money on the psychic, and if everyone else did the same, the price of houses would come down; that's for sure. But in any case, for right now, no house. And that's that, no matter how much she bitches! She's always complaining; says I don't help enough around the house, or that I leave my socks on the floor. She's always saying she's not my maid. Hey! She ought to jump for joy to have a husband like me! Don't I always sleep here? How many times have I come in after midnight? I could count the times on my fingers! But I wouldn't dream of reminding her of those things; she'd make a hell of a stink! What's she griping about, anyway? She's even giving me a Cinderella complex: when the clock strikes twelve, I take off sprinting and don't stop till I get home. She even has me scared. What the hell do you suppose this mother's child wants? Actually, she is just like her mother, my bitchy mother-in-law. When that woman gets something into her head, she doesn't stop until she gets it. She's like a broken record that repeats and repeats and repeats, and she's twice as irritating. But hey; I'm not buying a house, no matter what. I don't know how I've put up with my wife all these years! I don't know why I haven't packed my bags and left; to tell the truth, many's the time I've been tempted.

(CARLOS *looks at his watch.*)

It's one o'clock; one o'clock and no sign of her. Oh, sure; she can come and go without telling anyone, because she's a saint; because she's always doing good deeds!... And I'd better not question anything, because if I do, oh boy, you wouldn't believe how she gets. One day I said something, half joking, and what a reaction! There's no justice. I have to come in before midnight, my head spinning trying to think up some new excuse, but my wife, who's always helping her family, doesn't have to

gente se lo crea y siga comprando como loca y ¡hala, hala! Los precios para arriba... El caso es que cambio de emisora cabreado, y oigo a una adivina que decía todo lo contrario, que los pisos iban a bajar en picado a partir de julio. Yo, la verdad, entre el banquero y la adivina me quedo con la adivina y, si todo el mundo hiciera lo mismo, los pisos bajaban, ya lo creo que bajaban. Así que, se ponga como se ponga, por el momento no hay piso. ¡Y que se fastidie, por lo puñetera que es! Siempre protestando, que si no me ayudas en casa..., que si has dejado los calcetines debajo de la cama, que si yo no soy tu criada. ¡Vamos, anda! ¡Si debería dar saltos de alegría por el hombre que tiene! ¿He faltado alguna noche a dormir a mi casa? ¿He llegado muchos días después de las doce? Con los dedos de la mano se podrían contar. ¡Y que no se me ocurra, porque el numerito que puede montar la señora es fino! ¿De qué se quejará? Si hasta me está entrando complejo de Cenicienta, si en cuanto suenan las doce echo a correr y no paro..., hasta miedo le tengo. ¿Qué más querrá la hija de su madre? Nunca mejor dicho, la hija de su madre, porque es igual, igualita que mi puñetera suegra. Como se le meta una cosa en la cabeza, hasta que no lo consigue no para. Es tipo gotera. Ahora, que el piso no lo compro. Se ponga como se ponga. ¡No sé cómo la he aguantado tanto tiempo! No sé cómo no he cogido la maleta de una puñetera vez, porque lo que son ganas, la verdad es que muchas veces no me faltan.

(CARLOS *mira el reloj*.)

La una. La una y sin dar señales de vida. ¡Claro, ella puede entrar y salir sin contar con nadie porque como es una santa, como siempre está haciendo obras de caridad...! Y que no se me ocurra desconfiar, porque, ¡madre mía!, un día que le dije algo medio en broma, ¡cómo se puso! Y es que no hay derecho, no hay derecho que uno tenga que llegar antes de las doce, mareándome encima por encontrar una excusa, y ella, con el rollo de la familia, ni viene ni se le ocurre avisar

come in; oh no, not her. She doesn't even have to let me
know where she is. "But Carlos," she'll say, "I went over
to Aunt Angélica's; her lumbago is bothering her. How is
it my fault that I can't reach you when you're never in
your office and are always out and about somewhere?..."
"It's not my fault! It's not my fault!" That's what you always say. But I'm really the innocent victim in all this!
You think I like all that activity? You think I enjoy selling
ties store to store? No way! I don't like it one little bit, but
I do it because I have to; because "we've got to live," just
like you said when you made me take this job. If you'd
just been a little more patient! But no, not you. "Carlos,"
you said, "we need money for the rent; Carlos, we need
money for the phone bill; Carlos, the washing machine
payment is due; Carlos, you can't just lie around the house
all day doing nothing." And do I ever love lying around
doing nothing! But no, she wanted security; and security
was in selling ties. Security was going into business with
her uncle and have her clan control me. And what a clan,
the whole bunch of 'em! All worried until they got me to
selling ties. Until that moment, I don't think her damned
parents slept a wink.

(CARLOS *pours another drink and changes the radio station.*)

Oh! If I had known how irresistible I was going to be to
women, I would never have gotten married. I would hardly
have had to work. I could have gotten along just fine having
breakfast with one woman and dinner with another; I'm not
ambitious! But, oh no. This little vulture snapped me right
up. She was the first one to set her sights on me; all innocent, I just drifted into her clutches... It's almost two o'clock.
O-o-h-h-h. I just felt a funny pain in my chest. O-o-o-h-h-h,
right here; where my heart is... Now it's going down my left
arm... Could it be a heart attack? Oh, the injustice of it all!
Here I am at home alone having a heart attack and she's
taking care of her aunt, and all she's got is a little pain in her
back... It's going away now. I guess it was just nerves. Why
didn't she call me? Of course I could call her, I suppose. But

siquiera. "Pero Carlos, si he ido a casa de mi tía Angélica que no se podía mover de la cama con el lumbago... yo qué culpa tengo si a ti nunca se te puede localizar, como tu trabajo es de calle...". "¡Yo qué culpa tengo! ¡Yo qué culpa tengo!". El que no tengo culpa de nada soy yo. ¿Crees que a mí me gusta estar todo el día de una lado a otro? ¿Crees que me gusta vender corbatas de tienda en tienda? Pues no, señora, no me gusta un pimiento, me toca las narices y si lo hago es porque no me queda otro remedio, porque de algo hay que vivir, como me decías cuando me obligaste a coger el empleo. ¡Si hubieras tenido un poco de paciencia...! Pero no, tú erre que erre. "Carlos, que no tenemos para el alquiler... Carlos, que el teléfono... Carlos, que la lavadora... Carlos, que no puedes quedarte en casa sin hacer nada...". ¡Con lo que a mí me gusta no hacer nada! Pero ella, a lo seguro. Y lo seguro eran las corbatas. Lo seguro era entrar en el negocio de su tío y tenerme bien cogido en el clan familiar. ¡Y menudo clan, menuda familia tiene! Todos como una piña. Todos preocupadísimos por mí hasta que me pusieron a vender corbatas. Hasta entonces no descansaron los malditos padres.

(CARLOS *se sirve otra copa y cambia de emisora.*)

¡Ay! Si hubiera sabido el éxito que me esperaba con las mujeres no me habría casado nunca. Casi sin trabajar podía haber vivido. Total, con desayunar con una y comer con otra me hubiera apañado. ¡Si yo no tengo ambiciones! Pero no pudo ser. Me cazó esta lagarta, la primera que me miró y yo como un imbécil caí en sus garras. Son casi las dos. ¡Ay! Me ha dado una punzada en el pecho, aquí en el lugar del corazón... y se me baja por el brazo izquierdo... ¿Será un infarto? ¡Qué injusticia tan grande! A mí me está dando un infarto solo en casa y ella con su tía que apenas tiene un dolorcito de lumbago... Ya se pasó. Habrá sido nervioso. ¿Por qué no me habrá llamado por teléfono? Claro que también podía llamarla yo.

what if she's not with her aunt? This is no time to be waking anyone up. Oh well; I guess I'll go to bed. I'm exhausted, and tomorrow I have to get up early. I'll leave the light on for her.

(CARLOS *exits through the door stage right. After a few seconds, he returns in his pajamas reading a letter.*)

LETTER.– "Dear Carlos: I'm writing because saying these things face to face would be hard, and I'm tired of arguing. This time, it's for real. I'm leaving, or rather, when you read this letter, I'll be gone. I'm leaving for good."

CARLOS.– What do you mean? What's gotten into you, for Christ's sake?

LETTER.– "It's been a long time since I've felt anything for you. Well, that's not exactly true; I've felt unhappy, frustrated, angry and so empty that I thought if this was life, and that's all there was, I really didn't want to go on living."

CARLOS.– Has she suddenly lost her mind? Yesterday she seemed normal, and today, this.

LETTER.– "I'm sure you haven't even noticed. You come home so late and so tired, and you don't seem to know that I'm alive. But don't think I'm dumb, or that I was born yesterday, or that I've swallowed whole all those tall tales of yours; no way. I knew what was going on, and what I didn't have proof of, I could figure out."

CARLOS.– That's a lie! She didn't know anything! She's trying to trick me; see if she can catch me in something! If she thinks I'm going to fall for that, she can think again! And even if she knew, so what? So I went out with a few broads? What's wrong with that? What a crazy world! Dames! How times have changed!... They have more freedom than men! I'm just doing what everybody else does. Well, not everybody, exactly, because a lot of people get separated now; men leave their wives and children and don't give them a dime. Well, we don't have any children, but if we did, I'd never leave them; just like I won't leave my wife. It's a question of principle.

¿Y si no está en casa de su tía? No son horas de despertar a nadie. Bueno, me voy a la cama. Estoy agotado y mañana hay que madrugar. Le dejaré la luz encendida.

(CARLOS *sale por la puerta derecha. Pasados unos segundos vuelve a la escena en pijama y leyendo una carta.*)

CARTA.– "Querido Carlos: Te escribo porque hubiera sido muy violento decírtelo cara a cara y estoy harta de discusiones. Esta vez es de verdad. Me voy, o mejor dicho cuando leas la carta ya me habré ido. Me separo de ti para siempre".

CARLOS.– ¿Pero qué dices? ¿Qué bicho te ha picado hoy, vamos a ver?

CARTA.– "Hace ya tiempo que no sentía nada por ti. Bueno, miento, sentía malestar, frustración, agresividad y un vacío tan grande que me preguntaba que si esto era la vida, no quería seguir viviendo".

CARLOS.– ¡Pero se ha vuelto loca de repente! Ayer tan normal y hoy me sale con éstas.

CARTA.– "Seguro que ni te has dado cuenta. Vuelves tan tarde y tan cansado y te fijas tan poco en mí... Pero no creas que soy tonta, ni que me he chupado el dedo, ni que me he tragado todas las bolas que me metías. No, para nada. Estaba al corriente de la situación y de lo que no tenía pruebas lo imaginaba".

CARLOS.– Mentira. No sabe absolutamente nada. Es una zorra. Lo dice a ver si saca algo en limpio, pero si se ha creído que voy a picar en el anzuelo, va lista. Además aunque supiera, ¿qué es lo que puede saber? ¿Que he salido con algunas chicas? ¡Y eso qué tiene de malo! Pues, anda, que como están los tiempos... ¡Y cómo están las mujeres... que tienen más libertad que los hombres! Yo hago lo que todo el mundo. Bueno, lo que todo el mundo no, porque la mayoría se separa y dejan a la mujer plantada con los hijos y sin pasarle un duro. No tenemos hijos pero nunca los abandonaría. Como no abandono a mi mujer. Es cuestión de principios.

LETTER.– "Living with you has been painful. Only the first couple
of years were good, in spite of our money problems. You
loved me then, but later... I don't know what happened."

CARLOS.– What happened? Nothing happened. You can't always be on a honeymoon.

LETTER.– "What I do know is that in recent years I'd even forgotten that I was a woman. I've felt more like a piece of fur-
niture; like a robot that gets up, cleans the house, cooks dinner, washes clothes, irons and waits for you to come home.
And for what? I've waited too long, hoping that you would
change, that you would see that I'm a woman, that you
would kiss me with some feeling. I wanted that so much!
But no; there weren't any miracles. You'd come in at night
all satisfied from those fresh, new, exciting kisses from other
women."

CARLOS.– (*Throwing the letter down*) If you think I'm going to
keep on reading this garbage, you can think again. Come
on! What real gripes could you possibly have? That I don't
give you enough money for the house and all your little
whims? I even bought you a dishwasher! What do you
need a dishwasher for? It's just the two of us, and I hardly
ever eat lunch at home. And how about the washer-dryer,
that costs four times more than just the regular washer?
And what for? To dry three or four shirts?... And last year
you got it into your head you wanted a fur coat. Did I object to your buying one? Really, María, I don't know
where you get these crazy ideas. I just don't understand
you. Any other woman would jump for joy, but you're
never satisfied; you always put on that long face, no matter what I do. And besides, you know what I think? That
you're really not leaving. At your age, where you gonna
go? As old as you look, you could only go live with one of
your aunts!... That would be some adjustment! You leave
your home, your husband and twenty years of marriage
behind for absolutely no reason at all, on some screwy
whim, or because you're just bored, or because things
aren't the way they used to be? Forget all that silly romantic stuff; this is no time for games. I should never have
let you start working. If you didn't have a job, you
wouldn't be doing these nutty things. Naturally, there, on

CARTA.– "He sufrido mucho a tu lado. Sólo los dos primeros años fueron buenos, pese a los problemas económicos. Entonces me querías, pero después... no sé lo que pasó".

CARLOS.– ¡Qué va a pasar! Nada, que no se puede estar siempre como el primer día.

CARTA.– "Lo cierto es que en los últimos años hasta me había olvidado de que era una mujer. Me sentía como un mueble, como un robot que se levantaba, arreglaba la casa, preparaba la comida, lavaba, planchaba y esperaba con ansiedad que regresaras. Y siempre para nada. Mantuve la esperanza demasiado tiempo pensando que cambiarías, que me mirarías como a una mujer, que me besarías con ardor. ¡Lo deseaba tanto! Pero el milagro no se producía. Tú ya venías harto de besos nuevos, frescos y excitantes".

CARLOS.– (*Tirando la carta al suelo.*) ¡Si piensas que voy a seguir leyendo tonterías, estás pero que muy equivocada! Vamos a ver, ¿qué quejas puedes tener de mí? ¿No te doy dinero bastante para la casa y para todos los caprichos que se te antojan? Hasta un lavaplatos te he comprado. ¡La falta que nos hará un lavaplatos para dos personas que somos y yo que casi nunca como al mediodía! ¿Y la lavadora-secadora que vale cuatro veces más que la corriente? Total, ¿para qué? Para secar cuatro camisas... Y el año pasado se te antojó un abrigo de pieles, ¿te puse algún impedimento para que lo compraras? La verdad, María, no sé lo que quieres de mí, no te entiendo. Cualquier mujer estaría encantada y tú siempre insatisfecha, siempre de morros, con la cara larga haga lo que haga. Además, ¿sabes lo que te digo? Que no me creo que te vayas. ¿Adónde vas a ir con la edad que tienes? ¡Y con lo vieja que estás! ¡Como no te vayas con alguna de tus tías...! ¡Pues vaya cambio! Dejas tu casa, tu marido y veinte años de matrimonio sin motivo ninguno, por puro capricho, porque te da la vena, porque te aburres, porque ya no es como antes. Olvídate de romanticismos, mujer, que los tiempos no están para bromas. Nunca debí dejarte que te pusieras a trabajar. Si

the job, your friends put wild ideas into your head. Lots of those women are separated, and you, all naïve, don't want to be different or seem less important. You probably think that being separated is modern. But you'll be back. I know you'll be back. Maybe even this very night. This isn't the first time you've tried to scare me by going to your beloved aunt's house to sleep. I'm going to call her. I'll bet you're there. (*He dials a number.*) Can I speak to María? Sorry to bother you at this hour of the night, but she didn't leave me any note, and I'm beginning to worry... On a trip? She's gone on a trip?... No, she didn't tell me anything... Well, that's all I wanted to know. Bye. (CARLOS *hangs up.*) On a trip? She's gone on a trip? I find that more than a little irritating.

(*He picks up the letter and continues reading.*)

LETTER.– "A few months ago, I met a man in a coffee shop. He had been lonely, too, since the death of his wife."

CARLOS.– A widower! He must be about eighty; that's why she looks young to him.

LETTER.– "He's seven years younger than I am, but that doesn't matter to him."

CARLOS.– That's strange! There's something fishy here. I bet he's some con artist who thinks you have money. You were probably wearing that fur coat. It's all my fault. I'm stupid. Why did I give you something like that?

LETTER.– "At first, I thought he wasn't serious; he said he even found me attractive!"

CARLOS.– That guy must be blind or, at the very least, have some serious cataracts.

LETTER.– "In any case, after that very first day, we saw each other regularly. That was six months ago."

CARLOS.– Well, well, how about little Miss Prim and Proper! So this is the faithful wife who gets bent out of shape with an innocent little joke! For six months, you make a laughing stock out of me, and I don't even know it. You hypocrite, you liar, you slut!

LETTER.– "At first, I felt guilty."

CARLOS.– Well, good thing! That's some consolation!

no tuvieras un trabajo no me montarías estos números. Pero, claro, allí las amigas te calentarán la cabeza. Seguro que hay muchas separadas y tú, tan inocente, no has querido ser menos. Pensarás que es más moderno separarse. Volverás. Ya lo creo que volverás. Y quizá esta misma noche. No es la primera vez que das la espantada y te vas a dormir con tu tía del alma. Voy a llamar. Seguro que está allí. (*Marca el número del teléfono.*) ¿Está María? Perdone que la moleste a estas horas, pero no me ha dejado ninguna nota y empezaba a preocuparme... ¿De viaje? ¿Que se ha ido de viaje...? No, no me ha dicho nada... Buenas noches, Adiós. (CARLOS *cuelga el teléfono.*) ¿De viaje? Esto me mosquea un rato.

(*Vuelve a coger la carta del suelo y continúa leyendo.*)

CARTA.– "Hace unos meses conocí a un hombre en una cafetería. Él también se encontraba solo desde que murió su mujer".

CARLOS.– ¡Un viudo! Tendrá ochenta años y hasta le parecerías joven.

CARTA.– "Es más joven que yo, le llevo casi siete años, pero no le importa".

CARLOS.– ¡Qué extraño! Aquí hay gato encerrado. Será un listillo. Habrá pensado que tienes dinero. Como irías con el abrigo de pieles... La culpa es mía. Soy un imbécil. ¿Por qué te lo regalaría?

CARTA.– "Al principio creí que se estaba riendo de mí. ¡Fíjate, me encontraba atractiva!".

CARLOS.– Ese viudo debe estar ciego o, cuando menos, tiene cataratas.

CARTA.– "El caso es que a partir de ese día nos seguimos viendo. Hace ya seis meses".

CARLOS.– ¡Vaya con la mosquita muerta! ¡La fiel esposa, la que se indignaba cuando me permitía la más mínima broma! Seis meses poniéndome los cuernos y yo sin enterarme. ¡Sinvergüenza, puta, ramera!

CARTA.– "Al principio me sentía culpable".

CARLOS.– ¡Vaya, es un consuelo!

LETTER.– "Then, remembering the eighteen years you'd been unfaithful to me, I realized how silly it was to feel guilty."

CARLOS.– But it's not silly. How can that be silly? You think it's not worse for a woman to be unfaithful? Where've you been, anyway? In outer space? If I had you here, no telling what I'd do to you! Do you know what you've gone and done and what you're doing to me? First you turn me into a tie salesman and then into a laughing stock! So how am I supposed to show up at work now? Come on; out with it... What you really want is to humiliate me. A man's got to present a positive image; he's got to look assured. How much self-confidence can I project if everyone knows what you've been up to behind my back? The answer is "none"! None! I won't sell a single tie. Self-confidence is very important to a man, especially a salesman.

LETTER.– "The fact of the matter is that I've gotten my self-confidence back; and not just as a woman, but in every way. I'm no longer afraid of cars or dogs or anything else."

CARLOS.– Fine thing. You've gotten your self-confidence back by destroying mine!

LETTER.– "I even think I'm pretty. Don't laugh! I'm serious! He finds me the most desirable woman in the world. It must be because he's in love. I believe in love again, Carlos, and it's wonderful. I wish the same for you, too."

CARLOS.– Shit, shit, shit! (*Crumpling up the letter.*) You know what I say? I'm glad you're out of here; I'd had it with all your whims, anyway; you're ugly; you're old; you're worthless. I'd be better off with just any woman off the street than with you, and if I haven't left you before, it's because I'm a decent, principled man with family values. And because I felt sorry for you.

LETTER.– "It won't be hard for you to get your life back together with some other woman or even with several, if you prefer."

CARLOS.– That's for sure; and in twenty-four hours if I want to.

LETTER.– "My finding this man is a miracle that can free us both. What I really don't understand is how you've been able to live with me so long if I please you so little."

CARLOS.– I understand it even less.

CARTA.– "Pero después, pensando en los dieciocho años
que llevas engañándome tú, me pareció una tontería".

CARLOS.– No es ninguna tontería. ¡Qué va a ser una tontería! ¿Acaso piensas que es lo mismo el engaño de un
hombre que el de una mujer? ¿Pero estás en la luna, o
qué? ¡Si estuvieras aquí no sé lo que te haría! ¿Te das
cuenta de lo que has hecho? ¿Te das cuenta de lo que
estás haciendo de mí? Primero, vendedor de corbatas
y ahora un cornudo. A ver, dime, dime con qué cara
me presento mañana en el trabajo. Vamos, habla... Tú
lo que quieres es hacerme un desgraciado. Un hombre
tiene que dar buena imagen, seguridad, ¿y qué seguridad voy a transmitir lleno de cuernos y abandonado? Ninguna, ninguna. No venderé una sola corbata.
La seguridad es muy importante en la vida.

CARTA.– "El caso es que he recobrado la seguridad en mí
misma, no sólo como mujer sino en todo, ya no me
dan miedo los coches, ni los perros ni nada".

CARLOS.– Muy bonito, has recobrado la seguridad a costa
de la mía.

CARTA.– "Hasta me veo guapa. ¡No te rías, es de verdad!
Me desea más que a ninguna otra mujer. Debe ser
porque está enamorado. He vuelto a creer en el amor,
Carlos, y es maravilloso. Te deseo la misma suerte".

CARLOS.– ¡Mierda, mierda, mierda! (*Arrugando la carta entre las manos.*) ¿Sabes lo que te digo? Que me alegro de
que te vayas. Que estaba de ti y de tus caprichos hasta
la coronilla. Que eres fea, vieja y no vales nada, que
prefiero estar con cualquier chica de la calle que contigo, que si no te he dejado antes es porque soy un
hombre de bien, con principios, y sobre todo porque
me dabas lástima.

CARTA.– "A ti no te será difícil rehacer tu vida con una o
con varias, como te apetezca".

CARLOS.– Desde luego que no, mañana mismo si quiero.

CARTA.– "Este encuentro ha sido un milagro que nos
puede liberar a los dos. La verdad es que no comprendo cómo has podido estar conmigo tanto tiempo
gustándote tan poco".

CARLOS.– El que no lo comprende soy yo.

LETTER.– "The answer, perhaps, is that it made you feel guilty to
   leave me after so many years."
CARLOS.– It didn't make me feel guilty. What really got to me
   was being so tied down, and for my whole life. I didn't
   leave because I was into a routine; a rut. Why else would it
   be? But we're coming down the homestretch; let's see how
   this little soap opera winds up.
LETTER.– "We're going to live in his country. He's not Spanish.
   You can keep everything. He has a good position, but I
   want to work, too; I will never again be dependent on anyone. This is good-bye. I hope things go well for you. Sincerely, María."
CARLOS.– Another country? She's going to another country? She
   can't do that! No broad is going to treat me that way. It's
   time she had a lesson in reality.

(CARLOS *nervously picks up the telephone and dials a number*.)

Police Department? Good evening. Hey, I'm in a jam and
hope you can help me... Actually, it's an emergency... My
wife; it's about my wife... No, there hasn't been any accident... No, she's not hurt... What the hell do you think happened? She's taken off with some guy!... Save your sympa-
thy; I'm the offended one... What do I want you to do? I want
you to go out there and find her and bring her back, that's
what I want you to do!... She has dark hair, is about average
height, neither tall nor short, forty-two years old, not pretty,
but she's not ugly either; she's just your average women,
nothing special about her... She may be wearing a fur coat,
but I'm not sure... A formal complaint? There's no time for
that. She's taking a trip... Probably leaving the country, and
you've got to stop her. If she gets on that plane, I'll never see
her again. I know her; she's stubborn, and when she gets an
idea into her head... Plane to where? How should I know! If I
knew that, I wouldn't be wasting time here on the telephone... What country? I don't know that either... Because
she left a letter, that's why... No, she doesn't say anything
about a plane; just talks about some foreigner she got involved with. This foreigner plus a trip adds up to leaving the
country, that's clear... He must be about thirty-five... No, a

CARTA.– "En el fondo es posible que te diera lástima dejarme después de tantos años".

CARLOS.– No me daba lástima. ¡Me daba rabia! ¡Rabia de sentirme atado, rabia de necesitarte para toda la vida! Sería la costumbre porque, ¿qué otra cosa podía ser? Bueno, veamos cómo acaba la novelita rosa.

CARTA.– "Nos vamos a vivir fuera. Es extranjero. Puedes quedarte con todo. Él tiene una buena posición y yo trabajaré. Nunca dejaré de trabajar. Adiós y que todo te vaya bien. Sinceramente. María".

CARLOS.– ¿Al extranjero? ¿Se va al extranjero? No, ni que lo piense, a mí no me hace una tía esto. Se va a enterar de lo que vale un peine.

(CARLOS *marca nervioso un teléfono.*)

¿Policía...? Buenas noches. Oiga, por favor, me encuentro en un gravísimo apuro, les ruego que me ayuden... Es una situación desesperada... De mi esposa, se trata de mi esposa... No, no ha tenido ningún accidente... no, desgracia tampoco. ¡Pues por qué va a ser! Porque se ha largado con otro... Gracias, pero el que lo siento soy yo... ¿Que qué quiero que hagan? Pues que la busquen y que me la traigan a casa... Morena, de estatura normal, ni alta ni baja... cuarenta y dos años..., ni guapa ni fea, corriente, una mujer vulgar y corriente... Puede que lleve un abrigo de pieles, pero no estoy seguro... ¿Una denuncia? No hay tiempo para denuncias. Piensa irse de viaje..., al extranjero lo más probable, y tienen que impedirlo. Si logra coger el avión no volveré a verla jamás. La conozco muy bien, es cabezota como ella sola y cuando toma una decisión... ¿Que qué avión va a tomar? ¡Y yo qué sé! Si lo supiera no estaría perdiendo el tiempo en el teléfono... ¿A qué país? Tampoco lo sé... Por una carta que me ha dejado... No, no dice nada del avión, sólo que el tipo que se la ha enrollado es extranjero. Extranjero y viaje, pues está claro... Él debe tener unos treinta y tantos años... No,

widower... Yes, he's younger than she is, and he also has more money than I do!... I'm sorry; I'm upset... No; no idea what nationality this guy is, and I don't care... I'm sorry... I just imagine it's a plane, because it's the quickest way to get out of the country, but maybe you're right. She might be traveling by train or car... You've got to set roadblocks and send police to the train stations... You can't do that? What do you mean you can't do that?... Complicated? Isn't that what you do when a terrorist is on the loose?... National security? What about my security? Doesn't my security mean anything to anyone? If you could see me now... I'm such a wreck that my hands are trembling... No! I never mistreated her... I never laid a finger on her, I already told you that... You can't do anything? But you have to help me. It's an emergency... I don't need any doctor and certainly not a shrink! What do you think? That I'm crazy?... Listen, I pay my taxes, and I have the same rights as any other citizen. I'm calling you for help, and it's your duty to give it to me. You hear? You hear?... Shit! He hung up on me!

(CARLOS *downs another drink in one long gulp and dials again.*)

Angélica, where's María?... You know where she is; I know you know. María doesn't make a move without consulting her family... I know she's on a trip, but where?... Swear all you want to that you don't know, but I don't believe you... You're going to regret this; you're going to regret it the rest of your life if you don't tell me!... I'm her husband, and I have a right to know... You're not telling me, huh? Well, I'm going to tell you a few things. You know what you and your whole family are? You're hypocrites; you're a bunch of ly-ing traitors. And you know what your niece is? She's a closet floozie; a real honey of a slut. Angélica? Angélica?... Shit! She hung up on me, too! Nobody wants to listen to what I have to say! Well, they're going to hear me, whether they like it or not! Oh! There's that stabbing pain again! (*He holds his chest.*) I've got to calm down;... take a deep breath... I could be having a heart attack. Dying isn't what bothers me. What bothers me is for this bitchy daughter of a bitchy mother to get her bitchy way.

viudo... Sí, más joven que ella y ¡también tiene más dinero que yo...! Perdone, estoy muy excitado... No, no tengo idea de la nacionalidad. ¡Ni me importa un rábano...! Perdone otra vez... Lo del avión me lo imagino, es más rápido para quitarse de en medio, pero puede que usted tenga razón y se vaya en tren o en coche... Sí, tendrán que vigilar también las estaciones y las carreteras... ¿Que no pueden? ¿Cómo no van a poder...? ¿Complicado...? ¿No lo hacen cuando se escapa un terrorista...? ¿La seguridad del Estado? ¿Y mi seguridad? ¿Es que mi seguridad no le importa a nadie? Si pudiera verme..., estoy tan inseguro que hasta me tiemblan las manos... No, nunca la he maltratado... Le he dicho que no, que nunca le he puesto la mano encima... ¿Que no puede hacer nada? ¡Tienen que ayudarme, me encuentro tan mal...! No necesito ningún médico y menos un psiquíatra. ¿Qué se piensa, que estoy loco...? Oiga usted, yo pago mis impuestos y tengo derecho como el que más. Les hago una llamada de socorro y están obligados a ayudarme. ¿Me oye? ¿Me oye? ¡Mierda, me ha colgado!

(CARLOS *se toma de un trago otra copa y marca de nuevo un teléfono.*)

Angélica, ¿dónde está María...? Sí, usted lo sabe, claro que lo sabe. María no da un paso sin consultar a su familia... De viaje, sí, pero ¿adónde...? Aunque me lo jure por sus muertos no la creo... Se arrepentirá de esto, se arrepentirá toda la vida si no me lo dice. Soy su marido y tengo derecho a saberlo... ¿No me lo dice, eh? Pues yo sí que le voy a decir unas cuantas cosas. ¿Sabe lo que son usted y toda su familia? Unos hipócritas y unos traidores encubridores, y su sobrina, ¿sabe lo que es? Una zorra, una ramera una grandísima puta. ¿Angélica? ¿Angélica...? ¡Mierda! Otra que no quiere oír. ¡Pues me van a oír aunque no quieran! ¡Ay, la punzada! (*Echándose la mano al pecho.*) Tengo que relajarme..., respirar hondo... porque me va a dar el infarto. Y lo que siento no es morirme. Lo único que siento es que esa hija de su putísima madre se salga con la suya.

LETTER.– "Love. I believe in love again, and it's wonderful."

CARLOS.– What the hell could you know about love? Come home, María! Don't leave me all alone. I love you, in my own way, but I do love you. I don't care if you're getting old and unattractive; you could even be blind or crippled or hunchbacked, or something. I don't care about any of that. Your place is here at home with your husband; don't go doing crazy things. I need to see you when I come home from work, or wherever the hell I've been. Why should it matter where I've been if this is my haven, where I sleep at night and where I wake up in the morning? Just don't destroy my life. I promise you, María, I'm going to change. I'm going to do it for you. You'll see; everything is going to be like it used to be when we first met. I'm going to fuss over you and spoil you in all kinds of little ways. I'll take you to the movies, the theater, and we'll go out to eat. I swear everything is going to be different. Please, please; just come home. What I feel for you, I can't put into words; it's something powerful; stronger than I am; more important than sex; something beyond love. I need you, María. For the last time, I'm begging you. Come home! You're not coming, huh? Well, I'm tired of asking, so I'm not going to ask you any more.

(CARLOS *pours another drink and gulps it down.*)

You think there aren't any other women in the world? Well, how wrong you are. You're no better than any other woman. Let's see. What's so special about you? Nothing; there's absolutely nothing special about you. And as if that weren't enough, you're not even pretty, no matter what that foreigner says. You're just average, just a run-of-the-mill woman. And you can't deny that you're at a very difficult stage in life for a woman. What do you think you'll do when that foreigner dumps you? Don't come looking for me.

(*He pours another drink, but this time he sips it slowly, savouring it.*)

I can just see her now in the airport. The foreigner has his arm around her shoulders, over that fur coat I gave her that looked so good on her. He kisses her. He kisses her once, then again on the cheek, then on the ear, tenderly, then more passionately, and he

CARTA.– "El amor... He vuelto a creer en el amor y es maravilloso...".

CARLOS.– ¿Qué sabrás tú lo que es el amor? ¡Vuelve, María! No me dejes solo. Yo te quiero, a mi manera, pero te quiero. No me importa que seas vieja, ni fea, ni que fueras ciega, coja o jorobada. No me importa nada de nada. Tu sitio está aquí, no seas loca, aquí en tu casa, con tu marido. Necesito verte al volver del trabajo o de dónde coño sea. ¿Qué te importa de dónde venga si al final éste es mi puerto, donde quiero dormir y despertar? No me hagas un desgraciado. Te lo prometo, María, voy a cambiar. Cambiaré por ti. Ya verás, todo será como antes, como cuando nos conocimos. Te mimaré, te haré caricias, te sacaré al cine y al teatro, iremos a cenar. Te juro que será distinto, pero por lo que más quieras, vuelve. Lo que siento por ti no se puede expresar, no tiene nombre, es algo muy fuerte, más fuerte que yo, más poderoso que el sexo y que el amor. Te necesito, María. Por última vez te lo pido. ¡Vuelve! No vienes, ¿eh? Pues ya me he cansado, ya no te suplico más.

(CARLOS *se sirve una copa y se la toma de un trago.*)

¿Qué crees, que no hay mujeres en el mundo? Pues estás muy equivocada. Y cualquiera vale más que tú. A ver, ¿qué tienes de especial? Nada, de especial no tienes absolutamente nada. Para colmo, ni siquiera eres atractiva por mucho que lo diga ese extranjero. Eres vulgar, del montón y en una edad difícil, no me lo irás a negar. ¡Veremos a ver lo que haces cuando ese tipo te deje! A mí no se te ocurra buscarme.

(CARLOS *se sirve otra copa y la bebe pausadamente, saboreándola.*)

Parece que la estoy viendo. En el aeropuerto. El extranjero la lleva cogida por los hombros, del abrigo de piel que le regalé yo y que le sentaba tan bien. La besa. La besa una y otra vez en la mejilla, en la oreja, con

whispers promises. She doesn't stop him, but she remembers my kisses, and she pulls away from him;... she steps back. He doesn't know what to think. "What's the matter?" he asks her. "Nothing," she responds. Nervous, he asks again, and she takes a moment to reply. "Nothing; I just can't forget my husband; I'm sorry. I'm going back to him."

(*The sound of a doorbell that* CARLOS *only imagines.*)

There she is now; whatcha wanna bet? Am I right or not?

(*Staggering a little,* CARLOS *goes to the door—it doesn't matter which one—and opens it. No one is there.*)

Come in; come right in. Do make yourself at home. Have a seat. Can I fix you a drink? Yes, I know; you never drink. That's all right, but you should have one anyway, just to keep me company. So you had a good time with that young guy, huh? Must not have been too good for you to come running home like this. So it's like I always say: where can you go with that face and all those miles on you? Where could you ever find a better husband than the one you already have? The women out there go wild over me, 'cause I'm a stud, that's what I am; I'm your take-'em-on-anywhere-any-time macho guy. I'm Superman; I'm Julio Iglesias and Antonio Banderas. I'm all your Latin lovers rolled into one. I'm your real macho man...

(CARLOS *slurs his final words as the glass slips from his grasp and he slumps heavily to the floor.*)

CURTAIN

ternura, con pasión, con promesas. Ella se deja hacer, pero de pronto se acuerda de mis besos. Se retira... Se aleja. Él se inquieta. "¿Qué te pasa?", le pregunta. "Nada", responde ella. Él vuelve a preguntar, nervioso. Ella tarda en contestar. "Nada, que no puedo olvidar a mi marido, lo siento, me vuelvo a casa".

(*Suena un timbre imaginario y potente.*)

Ahí está. ¿Tengo o no tengo razón?

(CARLOS, *dando tumbos abre la puerta. Puede ser cualquiera de las dos. Nadie entra.*)

Pasa, pasa, estás en tu casa. Siéntate, ¿quieres tomar una copa? Lo suponía, nunca bebes, es igual, aunque deberías aceptarla por hacerme compañía. ¿Qué, te lo has pasado bien con ese pollo? Muy bien no estarías cuando has vuelto tan pronto. Si es lo que yo te digo, ¿adónde vas a ir tú con esa pinta y esa edad? ¿Y dónde vas a encontrar a un marido más atractivo que yo? ¡Así, así las tengo a todas, locas por mí, porque soy un superdotado, un *superman*, un todoterreno, un Don Juan, un Rodolfo Valentino, un macho ibérico!

(CARLOS, *que por la borrachera ha pronunciado las últimas palabras con dificultad, se desploma redondo dejando caer la copa al suelo.*)

TELÓN

ALLÁ ÉL

HIS LOSS, MY GAIN

Concha Romero

CHARACTERS

PEPA
GONZALO

PERSONAJES

PEPA
GONZALO

(*A modest sitting room with two or three functional chairs, a small table, a telephone, TV set, mirror, a purse, a small package and a wedding picture. An ironing board and a basket of clothes on the floor suggest an improvised work space. Stage left, a door to the hall; stage right, an exterior window. The stage is empty as* PEPA *shouts:*)

PEPA.– Get out! I never want to see you again as long as I live! I hope you find what you're looking for! And when you do, I hope it's a real piece of shit!

(*The loud slamming of a door. A few seconds later,* PEPA, *a weary-looking middle-aged woman enters in a long, frumpy bathrobe and men's slippers. With unkempt hair carelessly pulled back, her appearance is anything but attractive.*)

It can't be! It can't be true! He can't up and leave now, all of a sudden, just like that. He can't toss away twenty years of marriage. "I want to live my life," he says; "I'm suffocating in this house. I'm bored with you." Well, if it was laughs you wanted, you shoulda married a clown.

(*Venting her rage on an inanimate object,* PEPA *begins to iron furiously.*)

Hey, I was bored too! You think life's a party? Life's life. It's monotonous, dull, boring, especially for women, what with laundry, grocery shopping, cooking, mending, ironing,

(*Salita de estar modesta con un par de sillones funcionales, una mesita, un teléfono, una televisión, un espejo, un bolso, una bolsa y una foto de boda. Se ha improvisado el cuarto de la plancha con una tabla extendida y un cesto lleno de ropa. Una puerta a la izquierda comunica con el hall y una ventana a la derecha con el exterior. Sobre la escena vacía se oyen las voces de* PEPA.)

PEPA.– (*En off.*) ¡Vete, vete, no quiero verte más y ojalá encuentres lo que buscas y cuando lo encuentres sea una mierda!

(*Suena un gran portazo. Segundos después,* PEPA, *mujer de unos cuarenta y tantos años, aparece totalmente desplomada. Viste bata larga de casa, zapatillas de hombre. Lleva el pelo recogido y desgreñado. Su aspecto no es nada atractivo.*)

¡No puede ser! ¡No puede ser verdad! No puede irse ahora, de repente, como si tal cosa. No puede tirar por la borda veinte años de matrimonio. "Quiero vivir mi vida. Me ahogo en esta casa. Me aburro contigo". Pues si te aburrías haberte comprado un mono.

(PEPA *comienza a planchar como una autómata, con rabia, como queriéndose desahogar con la tabla.*)

Yo también me aburría, ¿qué crees, que la vida es una feria? La vida es como es, monótona, cansada y aburrida, sobre todo para las mujeres, con el rollo de la

dusting, washing dishes, scrubbing floors, scouring toilets
and doing all the other crap that goes with being a house-
wife. And there's no relief; it's like that three hundred and
sixty-five days a year. To top it all off, the bastard's a come-
dian. What an exit line: "I'm leaving because I want to find
myself." What a cynic! When a man tells you something like
that, you have to translate. What he's really saying is that he
has fallen for some little chickie, and to hell with you. When
I'm fifty and have given him my best years–twenty-five is
half my life!–suddenly, and what a coincidence, just when
he starts earning enough money for us to afford a better
place and hire a cleaning woman, he's off with his horny
little honey. Shit, shit, shit and more shit! That's exactly
what I get, but it's all roses for her! I get the boot, and she
walks off with the loot! But I have only myself to blame. I
was a fool; really stupid. If I had just ignored what he told
me, I wouldn't be in this mess today.

(*Directing her comments to the man in the picture.*)

In those days, you got all jealous if I so much as showed a
little leg or gave another man a peck on the cheek.

(*She puts the iron down and speaks nostalgically.*)

Back then, I got those strong-woman roles and was a tiger
performing them. Sometimes I did poetic parts, too. I had to
talk about love, or beautiful flowers, or the half moon, or the
full moon. In those plays, I could be as delicate as a butter-
fly. What an idiot I was to trade the magic of theater for a
frickin' broom. How could I ever trade applause for a vac-
uum cleaner? And all for what? So he can take off with a
twenty-year-old who's not even pretty?

(*Looking at the picture.*)

On the other hand, she's not exactly what you'd call ugly;
she's just sort of... well, bla. And not too bright either. You
said so yourself the other day. "People don't need brains to be

compra, la comida, la ropa, la plancha, la lavadora, el polvo, las telarañas, el baño, los azulejos, los cristales, y la puta madre que parió a las casas. Y así los trescientos sesenta y cinco días del año. ¡Si encima tiene gracia el puñetero! ¡Mira que la frasecita de despedida! "Me voy porque necesito encontrarme a mí mismo". ¡Cínico, más que cínico! Cuando un hombre te dice eso, traducido al cristiano significa que se ha enamorado de otra y que ahí te quedas para vestir santos. Y me deja a los cincuenta, a mí que he dedicado más de media vida y precisamente, ¡qué casualidad!, cuando empezaba a ganar dinero y pensábamos cambiar de casa y llamar a una asistenta para que me ayudara. ¡Mierda, mierda, mierda! Las vacas flacas para mí y las gordas se las comerá con ella. La culpa la tengo yo, por tonta, por requetetonta. Si no le hubiera hecho caso, no me encontraría como me encuentro ahora.

(*A la fotografía del marido.*)

Pero entonces te morías de celos si tenía que enseñar una pierna o darle un beso a otro.

(*Suelta la plancha, soñadora.*)

Siempre me daban papeles de rompe y rasga y los defendía como una leona. O poéticos, muy poéticos, que hablaban del amor, de las rosas, de la media luna y de la luna llena y, entonces, me transformaba en una delicada mariposa. ¡Idiota, más que idiota, que cambiaste las bambalinas por la escoba y los aplausos por la aspiradora! ¿Y todo para qué? Para que al final se te vaya con una de veinte que ni guapa, ni fea, sino todo lo contrario.

(*A la fotografía de la boda.*)

Y, además, medio tonta, que tú mismo lo reconociste el otro día. "Para ser feliz no hace falta la inteligencia".

happy." That's what you said, as if love were just what goes on in bed. What do you know about love, anyway? I know I loved you, that's for sure. I loved you as you were, with your faults, your gray hair, your smoker's hack, your pot belly. I even loved your wrinkles; I loved them, because I saw them born, nourished them with my touch, and because they matched mine. But, oh, no! My wrinkles were different! Why can't all wrinkles be equal? If you'd just left me fifteen years ago... In those days, I felt strong, in control, ready to shout to all comers: "Watch out world! Here comes Pepa!" That's back when you were jealous if I so much as smiled at another man, even on stage. But you're just the run-of-the-mill man; you reject the tried and true in favor of the "surprise in the mystery box." Forget about feelings; forget what your wife's given up for you; to hell with the loyal person who stood by you in the lean years. Know something? You're insecure and full of complexes! You want to jazz up your life. That's why you need someone gullible who'll look up to you; make you feel important. So go off with her! You think seeing yourself in those young eyes will take off some years. You think it'll make you forget you're getting old. You coward! You're just afraid of death, and you don't want my wrinkles reminding you of your mortality. You say you're not a coward? Hell, you can't even take a simple flu. At the first sign of a fever, this is you: "Pepa, I'm so sick. I know I'm going to die. I've got to make a will." Who are you going to gripe to now that you're not only Pygmalion but invincible? Know something else? You're older and in worse shape than I am. I doubt you'll enjoy your child bride too long. If this (*Making a money sign with her fingers.*) is what makes her happy, she'll stay with you, sure; but if not, she'll dump you. And when she does, don't come running back here. I may have a heart "this" big, but I won't feel sorry for you no matter how much you moan and groan. My door is locked and bolted to you. Well, that's just a figure of speech. But I really am going to have some steel bars installed in case some night you get into it with her, have one too many and come here instead of the other place. Oh, what an idiot I've been! Imagine! I thought our marriage was in pretty good shape!

(*She takes a man's shirt from the basket and puts it on the ironing board.*)

Como si el amor fuera sólo la cama. ¡Qué sabrás tú del amor! ¡Yo sí que te quería! Te quería como eras, con tus fracasos, tus canas, tu tos y tu tripita. Y a tus arrugas, a tus arrugas también las quería. Porque las he visto nacer, porque las han alimentado mis caricias, porque en cierto modo eran mías. ¡Ah, castigo de mujeres! ¿Por qué no serán iguales unas arrugas a otras? Si me hubieras dejado hace quince años... En aquel tiempo me sentía fuerte y podía decirle al mundo: "Aquí está Pepa Garrido", pero entonces te morías de celos si le sonreía a otro aunque fuera sobre el escenario. Eres vulgar, muy vulgar, como todos los que cambian la carne vieja por la carne fresca y a la porra los sentimientos, a la porra los sacrificios, a la porra la mujer de siempre. ¡Inseguro y acomplejado! Por eso necesitas una *jas*, para sentirte importante y admirado. ¡Pues vete con ella! Ve a mirarte en los ojos de esa joven para olvidar que envejeces. ¡Cobarde, más que cobarde! Lo que tienes es miedo a la muerte y te apartas de mis arrugas para que no te la recuerden. ¿Que no eres cobarde? Anda, hombre, si no soportabas una simple gripe, si a las primeras décimas... "Pepa, estoy muy mal, me voy a morir, tengo que hacer testamento". A ver a quién te quejas ahora si te las das de Pigmalión y de tío fuerte. Pues que lo sepas, tú estás más viejo y más achacoso que yo. Poco vas a disfrutar de la joven, y si no, al tiempo. Si de "aquí" (*Haciendo señal de dinero con los dedos.*) la tienes contenta, aguantará, ya lo creo que aguantará; pero si le falta, te volverá la espalda y entonces conmigo no cuentes, que aunque tengo un corazón "así" de grande, no habrá compasión que valga por más que llores, supliques o berrees. Para ti, mi puerta estará cerrada con siete candados y con cinco trancas. Es un decir, lo que pondré es una puerta blindada, no sea que te cabrees con la interfecta y con unas copas de más te equivoques de casa. ¡Tonta, más que tonta! ¡Y yo que creía que mi relación iba tan bien...!

(*Saca de la cesta una camisa de hombre y la coloca en la tabla.*)

"He's tired," I said to myself. "When men get to a certain age, they aren't what they used to be." I never wanted to bring it up, but I know that after fifty, men start to lose power in certain parts, and they get complexes about being impotent. And even though I felt like it, I kept quiet. I pretended that I was the one who was too tired... I even made comments about how tired I was at the dinner table so you wouldn't feel any pressure at bedtime. Damn! How could I have been so blind? No, I was just half blind, and since I was always willing to see things your way. Oh, I'm much too nice for my own good. When I think of all those great roles I dreamed of playing... Now it's too late for me ever to be that sweet Ophelia: "O, woe is me! To have seen what I have seen, see what I see!" Nor will I ever play Inez: "Ah! What poison potion am I given in this tiny vial? It rends my heart." And I won't ever be Anouilh's Antigone: "Understand! My first memories are of hearing you men talk about understanding. I had to understand that I must not play with water–cold, dark, beautiful flowing water–because I'd spill it on the tiles. Or that I couldn't make mud pies, because mud soils a little girl's frock. I had to understand that little girls don't eat out of several dishes at once, or give everything in their pockets to beggars; or run in the wind 'til they fall down; or ask for a drink when they're perspiring; or want to go swimming when it's too early or too late, or simply because they happen to feel like swimming. Understand! I don't want to understand! There'll be enough time for that when I'm old, if I'm ever old. But not now." But one night, when I got back from the theater, you said, with tears in your eyes: "Pepa, I can't stand the thought of your kissing another man, even though it's all an act." And I gave in. I loved you so much that your happiness was the most important thing in the world to me. That was my mistake. I see it all so clearly now. Twenty years. How quickly the words roll off the tongue; but twenty years, as a reality, is a very long time; twenty years, and now I'm tossed away as easily as a cigarette butt. I don't get it; I swear I don't get it. Everything I did all day long revolved around you. You liked cream sauces? So we had cream sauces, even though they made me fat. You liked fresh shrimp? So I fixed shrimp for you, and gagged the whole time I was cleaning the darn

Estará cansado, pensaba. Los hombres a cierta edad ya no son lo que eran. No quería tocar el tema. Sabía que después de los cincuenta, pierden fuerza en sus partes y les entra como una especie de complejo de impotencia. Y aunque a mí me apetecía, me callaba e incluso fingía que la que estaba cansada era yo... y lo decía en la mesa, para que él no se sintiera mal en la cama. ¡Dios mío, cómo pude estar tan ciega! Ciega, no, tuerta. Veía con un solo ojo, veía sólo mi parte y como soy de tan buen conformar. ¡Cuántos personajes soñados dejé de hacer...! Ya nunca podré encarnar a la dulce Ofelia: "¡Oh desdichada de mí, haber visto lo que vi y ver ahora lo que veo!". Ni a Doña Inés: "¡Ay! ¿Qué filtro envenenado/ me dan en este papel, / que el corazón desgarrado/ me estoy sintiendo con él?". Ni a la Antígona de Anouilh: "Comprender... Es la única palabra que tenéis en la boca todos vosotros desde que soy muy pequeña. Había que comprender que no se puede tocar el agua, el agua hermosa, fugitiva y fría, porque moja las losas, ni la tierra porque mancha los vestidos. ¡Había que comprender que no se debe comer todo a la vez, ni dar todo lo que se tiene en los bolsillos al mendigo, ni correr, correr al viento hasta caer al suelo, ni beber cuando se tiene calor, ni bañarse cuando es demasiado temprano o demasiado tarde, pero no cuando se tiene ganas! Comprender. Siempre comprender. Yo no quiero comprender. Comprenderé cuando sea vieja. Si llego a vieja. Ahora no". Pero aquella noche, cuando al volver del teatro me dijiste casi llorando: "Pepa, no puedo soportar que beses a otro aunque sea de mentira", no tuve fuerzas para continuar. Te quería tanto, que nada me importaba salvo tu felicidad. Y ése fue el gran error de mi vida. Ahora lo veo claro. Veinte años, se dice pronto, veinte años y te dejan tirada como una colilla. No entiendo nada, te juro que no lo entiendo. Todas las horas del día las pasaba en función de ti. Que te gustaba la bechamel, bechamel al canto, aunque me engordara; que se te antojaban boquerones, boquerones, aunque me diera asco limpiarlos; que te dormías

things. You liked to go to sleep with the radio on, so I kept my mouth shut; I never complained about anything. And what the hell am I doing now, ironing your shirt?

(*Tossing it to the floor.*)

That does it! Enough ironing!

(Pepa *quickly folds the clothes and straightens the room as though expecting a guest.*)

I ran around getting everything in order for when you got home... If I finished early, I sat down to read or knit, because watching TV, which is what everybody else does, was too upsetting. Imagine, I even got upset with the actresses!... And it wasn't their fault! I didn't think any of them did it right; I could always find things to criticize and thought that I could do their parts better. I'd get so mad, I'd just shut off the TV. Then I'd sigh and tell myself: "Pepa, you left all that behind for love, and you did the right thing. Or didn't you? Yes, of course you did the right thing. Then stop complaining, all right?" That's how I tried to console myself. If I were only twenty years younger... If I could just start over. I'm sure the theater would never have abandoned me. Twenty years! Twenty years of frustration and emptiness, fantasizing about a love that existed only in my mind. You think nobody ever made me do anything!... With my personality, many's the time I was about to explode. But I'd take a deep breath, call a five-minute time-out and say to myself: "Pepa, be patient, be very patient. He comes home from work tired; maybe the boss put him in a bad mood. You know how bosses can be, and if your husband doesn't vent his frustrations with you, who's he going to do it with? Peace and tranquility, a lot of peace and tranquility, that's what men need. And we women have to play deaf, sometimes, and let men shout when they need to get things off their chest. You just stay calm. You just play like nothing at all is unusual." So, what did so much silence and so much understanding get me?... I should have let him have it the minute he walked in the

con la radio encendida, pues, chitón, nunca dije ni pío por más que me molestara. ¿Pero qué hago planchando una camisa tuya?

(*Tirándola al suelo.*)

Se acabó. Basta de plancha.

(PEPA *se pone a ordenar ropa y recoger los bártulos muy deprisa como si esperara una visita.*)

¿Y las carreras que daba para que todo estuviera en orden cuando llegaras...? Y si algún día acababa pronto me sentaba a leer o a hacer ganchillo porque ver la televisión que es lo que hace todo el mundo me sacaba de mis casillas. ¡Mira tú que hasta me enfadaba con las artistas...! ¡Qué culpa tendrían ellas! Pues ninguna me gustaba, a todas les sacaba un "pero". Siempre pensaba que yo lo hubiera hecho mejor. La apagaba con rabia, suspiraba y me decía: "Pepa, lo dejaste por amor y valió la pena. ¿O no valió la pena? Sí, sí, claro que valió la pena. Pues no te quejes más, ea". Así, yo solita me consolaba. Si tuviera veinte años menos... Si pudiera volver a empezar... Estoy segura, el teatro nunca me habría abandonado. ¡Veinte años, veinte años de frustración y vacío fantaseando con un amor que sólo a mí me afectaba! ¡No he tenido que tragar nada...! Y con el carácter que tengo, que a punto estuve de reventar cantidad de veces. Pero respiraba hondo, esperaba cinco minutos, porque yo siempre espero cinco minutos, y me decía: "Pepa, paciencia, mucha paciencia. Viene cansado del trabajo, el jefe le habrá puesto de mal humor, ya se sabe cómo son los jefes, y si no la paga contigo con quién la va a pagar. Paz y tranquilidad, mucha tranquilidad es lo que necesitan los hombres en casa. Y muchos oídos sordos, que griten cuando quieran y se desahoguen. Tú, sangre fría. Diga lo que diga, como si oyeras llover". ¡Para lo que me ha servido tanto silencio y tanta estrategia...! Una buena bronca le tenía que haber

door, like the upstairs neighbor does! She really makes her husband toe the mark. "Francis-c-o-o-o!" And in bounds Francisco, wagging his tail to see what his sweetie pie wants. And if he ever thought about leaving with someone else so he could "find" himself, she'd smack him right into eternity. But that wouldn't be hard: she's a Mack truck and he's a little runt of a guy. So what am I going to do now? "Get a job," he says. As though it were that easy! He must think I'm Greta Garbo and that producers are beating down my door with offers. "Hey, you'll find something; you're a very good actress," he says. You jerk! If that's so, why did you make me give it up? "Choose," you said. "It's the theater or me: which will it be?" You selfish bastard! Do you think it would ever have occurred to me to ask you to give up your work? Do you think I would ever do such a thing? If I had, would you have given up your job out of love for me? Pepa, you deserve everything you got for being such a complete ninny. Oh, I'm not the only one. I know a lot of women whose husbands have taken off. "Bad luck, just bad luck," they say! Why the hell wasn't I born a few years sooner or a few years later? But no; I belong to that screwed-up generation that has things all backward; they act like kids when they're grown up. Like a bunch of sheep, the men run off in search of themselves and their true identity. But that's only part of the story; while half of the country is off searching for itself, the other half is lost at home. Ha, ha, ha. I don't know why I'm laughing; it certainly isn't funny. Maybe it's to keep from crying. Pepa, I think the best thing for you to do is get out of the way. Get out of the way? Yes, get out of the way. Why don't you just shoot yourself? Yeah, I mean commit suicide. It's an idea. You're all alone, out of work, no money, depressed, angry. Maybe that's the solution. It'll put an end to your anger, that's for sure. But I don't have a gun! No problem! Don't let that stand in your way! I think there's a rope in here somewhere.

(*Digging in the basket.*)

You see? Well, make up your mind. But where am I going to hang this thing? These modern ceilings are all so smooth; they don't have any beams... In the city, it's more complicated to kill

echado nada más abrir la puerta como hace la vecina de arriba y lo tiene más derecho que una vela. "¡Franciscooooo!". Y allí está Francisco perdiendo el culo por ver lo que quiere la parienta. A ése, a ése se le podía ocurrir irse con otra para "encontrarse a sí mismo", que del guantazo que le pega se pierde para la eternidad. Claro que ella es como un camión de grande y el pobre Francisco es bastante *esmirriao*. Y, ¿qué voy a hacer ahora? Que me ponga a trabajar dice. ¡Como si eso fuera tan fácil! Creerá que soy la Greta Garbo y andan locos por abrirme las puertas... "Que sí, que encuentras, que eres muy buena actriz". ¡Hijo de perra! Entonces, ¿por qué me obligaste a dejarlo? "O tu profesión o yo". ¡Egoísta! ¿Se me habría ocurrido a mí apartarte de tu trabajo? ¿Te lo hubiera pedido siquiera? ¿Me habrías complacido por amor? Pepa, te está bien empleado por *gilipuertas*. Y no soy yo sola. Así de mujeres abandonadas conozco. ¡Qué mala suerte, qué mala suerte! Podía haber nacido un poco antes o un poco después. Pero nada, pertenezco a esta generación que no sé qué porras le pasa que ¡hale! A la vejez viruelas, todos como borregos a realizarse fuera de casa y a buscarse a sí mismos. Ancha es Castilla. Medio país buscándose y otro medio perdido, ja, ja, ja. No sé por qué me río, porque maldita la gracia que me hace. Por no llorar, supongo. Pepa, yo creo que lo mejor que puedes hacer es quitarte del medio. ¿Quitarme del medio? Sí, quitarte del medio, pegarte un tiro o así, suicidarte, vamos. Es una idea. Estás sola, sin trabajo, sin un duro, deprimida y cabreada. Algo ganarás con ello. El cabreo seguro que se te pasa. ¡Pero si no tengo pistola! No importa. No te vas a achicar por eso. Aquí había una cuerda.

(*Hurgando en la cesta.*)

Efectivamente. Pues, decidido. ¿Y de dónde la cuelgo? Estos techos son tan lisos sin una maldita viga que... En la ciudad hasta matarse es complicado. Si estuviera

yourself. If I were back in the small town where I grew up, there'd be no problem; I'd go out to "Hanging Hill" and become just another statistic. Oh, I guess I might be a little special. I'd probably set a record; be the first woman, because only men have committed suicide up there, as far as I know. But no; I couldn't do it on the hill; no, no. Some child might find me. I know I'll never forget what I saw: that expression, those motionless hands and those feet, just swinging. Oh, the sleepless nights; in the stillness of my dark room, how often I saw that awful tongue hanging out. I heard the adults say he was a man who had lost all his money. Why do you suppose men commit suicide over money, and women do it over love?

(*Leaning out of the window.*)

What would happen if I jumped out of the window? No, I couldn't do that either. It's only a first floor, but I'd probably break a leg, and then everybody would laugh. So how to do it? I've got it! I'll jump off the big viaduct in the middle of the city! I like that idea! It has a certain folkloric quality; very Madrid. On the other hand, to land on a busy street isn't particularly appealing. And I might hit a teacher on her way to school, or a sick child being taken to the doctor. Or I might land on a homeless person, or an Arab, or a Bosnian refugee, or maybe even a plumber. No, I'm sure it wouldn't be a plumber, 'cause you can never find one of those, even when you're looking hard... No, let's forget the viaduct. What about going to Seville and taking a dive off the Giralda Tower? No, that's as bad as the viaduct. If I went now, during Easter week, with all the tourists that go there, I'd be sure to hit somebody, probably a Japanese or an American, and my problems aren't their fault, are they? Then, too, when I think about how beautiful Seville is in spring, I lose interest in dying. No, I think the cleanest way to do it–and with the least bother to everyone–is sleeping pills. And I don't even have to go out and buy them. Juan left some behind. I think I put them in my purse. Yep, here they are. And the bottle is almost full. I'll dissolve them in some water, add a little sugar to sweeten the trip, and I'll be off for the other shore with a fresh wind in my sails. What's to gain? No more pain!

en mi pueblo no habría problemas, me iría al cerro del ahorcado y uno más entre los desesperados. Sería la primera mujer, porque de allí sólo se han colgado hombres que yo sepa. No, en el cerro no... podría verme algún niño. Nunca podré olvidar aquella expresión, aquellas manos inertes y aquellos zapatones colgando. ¡Las noches que pasé sin dormir viendo su lengua en el silencio de la oscuridad! Era un hombre arruinado, oí decir a los mayores. ¿Por qué será que los hombres se suicidan por dinero y las mujeres por amor?

(*Se asoma a la ventana.*)

¿Y si me tiro por la ventana? Tampoco. De un primero me partiría una pierna y ¡menudo ridículo! ¿Qué podría hacer? ¡Ya lo tengo! ¡El viaducto! Desde allí no la cuento. Además, me gusta. Una muerte muy típica y muy madrileña. Aunque caer en plena calle con el tráfico que hay no me apetece nada. Puede morir por mi culpa una maestra que vaya al colegio, o un niño al que su madre lleve al médico por una simple gripe, o un pobre mendigo, o un moro o un yugoslavo, o un fontanero, fontanero seguro que no porque no se encuentran nunca, no va a dar la casualidad... No, el viaducto desechado. ¿Y si me voy a Sevilla y me tiro de la Giralda? Claro que estamos en las mismas, en plena Semana Santa y con la bulla que hay, seguro que le doy a alguien, lo más probable a un japonés o a una americana y ¡qué culpa tendrán ellos de lo que me pasa a mí! Además con lo bonita que está Sevilla en primavera se me quitarán las ganas. Yo creo que lo más limpio, lo más cómodo y lo menos molesto son las pastillas. Y no tengo ni que salir a buscarlas. Juan se dejó una caja de las que tomaba para dormir. Si no recuerdo mal las metí en el bolso. Sí, efectivamente, aquí están. Casi llena. Las disuelvo en agua, le echo un par de cucharadas de azúcar, por aquello de una dulce muerte y me largo con viento fresco al otro mundo. Y a otra cosa, mariposa.

(*To the audience.*)

Just a minute; I'll be right back. I'm going to get some water.

(*She exits. The telephone rings. As* Pepa *returns with a glass of water and a spoon, she hesitates, undecided about whether to answer. Finally, the telephone stops ringing. She sits down and begins to drop the pills very deliberately, one by one, into the glass, stirring with the spoon.*)

So I'm going to commit suicide over him? Is he really worth it? No, Pepa; people never commit suicide about just one thing. Disappointments accumulate, and there seems no other way out. I'm doing this because I'm disappointed in love but also because of my career and the impossibility of getting my life back on track. I'm doing it because of all those misguided sacrifices I made, living and breathing exclusively for another person. The best piece of meat on the platter, always for him; the most comfortable chair, his; the coldest beer, for him, of course... I was always giving up something for him, putting myself last. My grandmother used to say: "Do you know why men always get the best chair? Because they don't know how to sit anywhere else. And you know why they get the choice fillet? Because they're used to it and would never know how to eat a sardine in the kitchen." Well, my little potion is ready.

(*She takes the spoon out of the glass.*)

Well, down the hatch, and the sooner the better!

(*She brings the glass up to her lips.*)

Maybe you should call time-out for five minutes, like you usually do. But what for? That doesn't make any sense; I'm not going to change my mind.

(Pepa *once again brings the glass to her lips, this time more decisively, but the telephone rings again. She pauses to look at it, the glass in her hand. She seems decided not to answer it, but then suddenly leaps up to grab the receiver.*)

Hello... Oh, hello, Sis... How's everything? Me? Well, to tell you the truth, you got me at a bad time; in fact, if you'd

(*Al público.*)

Un momento, enseguida vuelvo. Voy por el agua.

(*Sale de escena. El teléfono comienza a sonar.* PEPA *entra con el vaso de agua y una cucharilla. Se detiene dudando si cogerlo o no. Por fin deja de sonar. Se sienta. Va echando las pastillas una a una y removiendo el agua con la cucharilla.*)

¿Y me voy a suicidar por él? ¿Se lo merece? No, Pepa, nunca se suicida nadie por una sola cosa. Son muchas decepciones juntas, mucho cansancio y muy poca esperanza. Es el amor, pero también la profesión, la imposibilidad de rehacer tu vida, los sacrificios mal entendidos, el vivir y el respirar sólo por el otro, el mejor filete para él, el sillón más cómodo, la cerveza más fresca... siempre la renuncia. Mi abuela decía "¿Sabéis por qué a los hombres se les deja el mejor sillón? Porque no saben sentarse en otra parte. ¿Y el mejor filete? Porque no saben comerse una sardina en la cocina". Bueno, pues ya está el potingue preparado.

(*Saca la cucharilla del vaso.*)

¡Ánimo y al toro! Cuanto antes, mejor.

(*Se aproxima el vaso a los labios.*)

¿No esperas cinco minutos como hacías siempre? ¿Para qué? No vale la pena, no voy a cambiar de opinión.

(*Vuelve a aproximarse el vaso a la boca con más decisión. Suena de nuevo el teléfono. Se detiene a mirarlo con el vaso en la mano. Parece que no lo piensa coger, pero en el último momento se lanza sobre él.*)

¿Diga? Ah, hola hermana, ¿cómo estás? ¿Yo? Pues me has cogido en un momento malo, vamos que un

called a little later, you wouldn't have gotten me at all. Actually, I was just about to kill myself... Don't laugh. I'm not kidding. Oh, go ahead and laugh; why not?... Juan has left me, and life just seems so senseless... Normal? And no, I don't mean to be melodramatic. When you get right down to it, death is pretty ordinary; it happens all the time... Why do you think I'm doing it? Because everything seems so hopeless; because I don't see any way out... Yes, I've been a fool; that's exactly what I've been, a fool. And what really gets to me is that it's more my fault than his. I made a mistake, but it's a little late to cry about it... Yes, I know you don't understand. If at least we'd had children. You mothers have some kind of superhuman reserve; you seem able to call upon some inner source of strength that lets you take control when the children need you. It doesn't matter whether those children are beautiful or ugly, smart or dumb; for mothers, they're just the most important things in the world. And that's really blind love; not just one-eyed love, like mine... No, don't call anybody; it wouldn't do any good. After I take the pills, I'll go out for a walk, and I'll just fall over on some corner of any old street, or I'll lie down and die on a park bench. I dedicate my death to Madrid, to its blue skies and picture-perfect evenings; to this city that took me in without asking any questions or demanding anything of me in return... A romantic? Don't kid me... Have I been happy? Sure, I was happy sometimes. If I hadn't been, I wouldn't know how awful I feel now... Yes, that's true; I didn't really do any of the things I wanted to, but he was there, and that made up for everything... Sure, I got bored, a lot of times. Well Sis, I've got to go. I don't want to think about those things. Kiss the kids for me and tell them that Aunt Pepa went off to be with Grandma and Grandpa, because she was bored here... All right, all right, remind me of whatever you want, but just be brief, please... Glass? What glass?... Oh, what Grandma said to Grandpa about the pessimist seeing the glass half empty and the optimist seeing it half full... Poor Grandpa. How he must have suffered, not seeing the positive side of life!... Don't be silly. I'm much more like Grandma... What I'm feeling now has nothing to do with being a pessimist; it's having no interest in things, it's being a realist, being objective... I know; I owe you a lot of favors, but

minuto más y no me coges... a punto de suicidarme...
No te rías, es verdad. O ríete, qué más da... Juan se ha
ido de casa y mi vida ya no tiene sentido... ¿Tan normal?
Es que no quiero hacer una tragedia. Al fin y al cabo
morirse es algo bien corriente, sucede todos los días...
Pues por qué va a ser, porque todo es negro y no veo
mejor salida que ésta... Sí, idiota, eso es lo que he sido,
una idiota y lo que más rabia me da es que la culpa no
es suya, sino mía. Me equivoqué, pero ya es tarde para
lamentaciones... Comprendo que no me comprendas. Si
al menos hubiera tenido hijos. Las madres sois seres de
otra galaxia. Sacáis de la nada una fuerza tan increíble
que os coméis el mundo cuando se os necesita. Da igual
que sean guapos, feos, tontos o listos, para vosotras, lo
más grande. Ése sí que es un amor ciego. Ciego, ciego,
no tuerto como el mío... Ni llames a nadie, tampoco ser-
viría de nada. Cuando me tome las pastillas saldré a pasear y caeré en cualquier rincón de cualquier calle, o
me tumbaré en un banco de cualquier plaza. Quiero
que mi muerte sea un homenaje a Madrid, a su cielo
tan intenso, a sus atardeceres de cine, a esta ciudad
que me cobijó sin preguntarme el santo ni la seña...
¿Romántica? No te burles... ¿Feliz? Sí, claro que a veces
he sido feliz. Si no, no me sentiría ahora tan desgracia-
da... eso es verdad, no he hecho nada de lo que me hubiera gustado, pero estaba él que me compensaba de
todo... Claro que me aburría, muchísimo. Bueno, hermana, te voy a dejar, no quiero pensar en nada. Dale
un beso a los chicos y diles que la tía Pepa se fue con
los abuelos porque aquí estaba muy aburrida... Está
bien, recuérdame lo que quieras, pero sé breve, por favor... ¿La botella? ¿Qué botella...? Ah, sí, lo que le decía la abuela al abuelo del pesimista que la veía medio
vacía y del optimista que la veía medio llena... ¡Pobre
abuelo! ¡Cuánto debió sufrir ignorando siempre el lado
bueno de la existencia...! No digas tonterías, yo me parezco más a la abuela... Lo de ahora no es pesimismo
sino desinterés, realismo y objetividad... Lo sé, reconozco que te debo muchos favores, pero ¿a qué viene eso
ahora...? ¿Pretendes cobrármelos...? ¿Ah, sí...? ¿Sólo

why are you bringing that up now?... Payback time?... Really?...
Only two?... For me to wait until tomorrow?... No, it's not that
hard, but... What's the other favor?... The glass? I don't understand... Change what?... All right, I'll wait, I promise... Yes, I
swear to you that between now and tomorrow, I'll think
positively and see the glass half full. So now we're even, favor
for favor... Call Gonzalo? How silly! I haven't seen him in
years... Yes, I know he lost his wife. You're really something!... Bye, Sis. Here's a hug. I love you lots. Be happy for us
both, please.

(PEPA *hangs up the telephone.*)

I couldn't refuse my sister. She's the best person in the
whole world. And I'll keep my promise.

(*Looking at the clock.*)

It's five o'clock, and I haven't even had lunch yet. But I'm
not hungry. It's so sad to eat all alone! Pepa, goddamn it,
the glass! Hey, it's wonderful not to be hungry! Finally I'm
going to lose a few pounds! Actually, it is wonderful not to
have to run around, or iron or cook for anyone. For the first
time in years, I don't have anything I simply must do. How
strange! I'm even in the mood to watch a little TV.

(*She turns on the TV. The screen, facing away from the audience, is
not visible, but the first part of a monologue is clearly audible: "Get
out of here. I don't ever want to see you again..."* PEPA, *tense, nervous, as though mesmerized by the screen, has a sudden desire to play
the role enacted before her. She leaps from the chair, grabs her purse,
takes out a small address book and dials a number.*)

Gonzalo? This is Pepa; Pepa Garrido... Yes, I know it's been a
long time; too long... Well, you see I fell in love, got married
and, well... Juan, my husband, really put all sorts of limitations
on me and... now, he's taken off; gone. That's why I'm calling
you; I need a job. Gonzalo, it means more than I can say for me
to get back into theater. I've followed your career in the news-

dos...? ¿Que espere hasta mañana...? No es que me cueste pero... ¿Y el otro...? ¿La botella...? No entiendo... ¿La clavija...? De acuerdo, retraso la decisión... Te lo prometo... Te lo juro, te juro que de aquí a mañana cambiaré la clavija y veré la botella medio llena. Pero estamos en paz, favor por favor... ¿Que llame a Gonzalo? ¡Qué disparate! Si hace muchos años que no lo veo... Sí, ya sé que se quedó viudo. ¡Qué bruja eres...! Adiós. Un abrazo muy fuerte. Te quiero mucho, hermana. Sé feliz por las dos.

(PEPA *cuelga el teléfono.*)

No he podido negarme. Es la mejor persona del mundo. Cumpliré mi promesa.

(*Mira el reloj.*)

Uh, las cinco. Y no he comido. No tengo apetito. ¡Es tan triste comer sola! ¡Pepa, coño, la botella! ¡Es estupendo no tener hambre! ¡Por fin voy a poder adelgazar unos kilos! Es estupendo no dar carreras y no tener que planchar ni cocinar para nadie. Por primera vez en muchos años no tengo nada que hacer. ¡Qué raro! Hoy, hasta me apetece ver la televisión un rato.

(*Enciende la televisión que está de espaldas al público. No se ve la imagen pero se escucha la primera parte de este monólogo: "Vete, vete, no quiero verte más...". PEPA está tensa, nerviosa, como atrapada en la pantalla, deseando ser ella la protagonista de la historia. Da un salto del asiento, coge el bolso, saca la agenda y marca un número.*)

¿Gonzalo? Soy Pepa, Pepa Garrido... Sí, mucho tiempo, demasiado... Pues ya ves, me enamoré, me casé... Juan me quebró la pata y... Me ha dejado. Por eso te llamo, porque necesito trabajar. Gonzalo, es vital para mí volver al teatro. He seguido tu carrera por la prensa y no paras de hacer cosas. Si surge alguna posibilidad, espero que te acuerdes de mí... ¿Que ya la tienes...?

papers, and I know that you're always involved in some project
or other. If a part comes along, I hope you'll remember me... You
have something in mind?... A stroke of luck?... An actress just
dropped out, and I'd be great for the part?... Oh, but you haven't
seen me in so long! You don't know what I look like now!... A
whorehouse madam?... Yes, that's true; I'll be fifty soon, and I
really have let myself go... A problem with the role?... What
problem?... Rehearsal tomorrow?... Tomorrow morning?

(PEPA *touches the glass of water thoughtfully*.)

No; nothing... No problem...

(*She pours the water little by little onto the floor*.)

Of course I can. Absolutely! I can see myself doing it already!...
Don't worry about that. I'll take whatever they want to pay
me. I'd even do it for nothing. Send it over by courier?... No,
I'm not going out. I'll be here; I can hardly wait to read it...
Thanks so much, Gonzalo; you're a lifesaver, honest... No,
that's not an exaggeration, really... See you soon, Gonzalo. Bye.

(PEPA *jumps for joy*.)

Yippee! Yippee! Yippee!... What a break! What absolute luck!
I can't believe it! If I saw something like this in a movie, I'd
say that things like that don't happen in real life. But sometimes, truth is stranger than fiction. Whorehouse madam?
Ha, ha, ha! Life's little ironies.

(*She goes up to the mirror and examines herself closely*.)

What a sight! I look so pale and old.

(*Stepping back from the mirror*.)

I'm scared to death... I've been away from acting too long... Do
I still have it? I feel insecure and unattractive. I can't do it.

(*Beginning to cry*.)

Pepa, the glass; the glass of water! Think about your sister,
about changing your attitude. Just hang on to whatever the

¿Que ha sido providencial...? ¿Que te ha fallado una actriz...? ¿Que yo bordaría el papel...? ¡Pero si no sabes ni el aspecto que tengo...! ¿Dueña de un burdel...? Pronto cumpliré los cincuenta y, la verdad, no me he cuidado mucho... ¿Un problema...? ¿Qué problema...? ¿Ensayar mañana? ¿Mañana...? ¿Mañana...?

(*Pepa toca el vaso de agua.*)

No... nada... ningún problema...

(*Vierte poco a poco el agua en el suelo.*)

¡Claro que podré, seguro que podré! ¡Ya estoy pudiendo...! No te preocupes por eso, que me paguen lo que quieran. Hasta gratis lo haría. ¿Con un mensajero...? No, no voy a salir de casa. Lo espero. Me muero por leerlo... Muchas gracias, Gonzalo, me has salvado la vida... Si no exagero... Adiós, un abrazo, adiós.

(PEPA *da saltos de alegría.*)

¡Yupi, yupi, yupi...! ¡Qué suerte! ¡Qué suerte! Es que no me lo puedo creer. Si lo veo en una película me resultaría falso. A veces, la realidad supera la fantasía. ¿Dueña de un burdel? Ja, ja, ja. Paradojas de la vida.

(*Se acerca al espejo con curiosidad por su físico.*)

¡Qué horrible estoy! ¡Y qué pálida! ¡Y qué vieja!

(*Se aparta del espejo.*)

Tengo pavor... Tan desentrenada..., tan insegura, tan estropeada. No podré, no podré hacer el papel.

(*Rompe a llorar.*)

Pepa, la botella, tu hermana, la clavija, agárrate a lo que coño sea, pero no pierdas una oportunidad que

hell there is to hang on to, but don't blow this chance; it may be the only one you get. You're right. I mean, I'm right, and all of you are right. Everybody's right!

(*She composes herself, breathing deeply.*)

Let's see; let's try this one more time; I'm going to close my eyes, concentrate real hard, take a few steps and change my attitude; I'm going to see the glass half full; I'm going to open my eyes, and *voilà*: everything is going to be different!

(PEPA *stands in front of the mirror again and opens her eyes. She takes the pins out of her hair and lets it fall down around her shoulders.*)

I always had very pretty hair. I don't know why I pull it back. And these dark circles under my eyes; with a little make-up... The theater isn't as cruel as the camera, and a whorehouse madam doesn't have to be Marilyn Monroe. All I have to do is dress a certain way and surround myself with sexy young things. Anyway, if I'm a little mature for Ophelia, I'm still too young to play Bernarda Alba or Mother Courage.

(*She picks up her purse, takes out a small make-up bag and applies rouge and lipstick.*)

I guess I'll pass. I'm looking a little better now. And this stone-age bathrobe! I can't imagine why I ever bought it.

(*She takes off the bathrobe and tosses it on the floor. In her lace slip, she is quite attractive.*)

And these bedroom slippers look like something my grandfather would wear. Out they go, too.

(*She tosses the slippers out of the window. Then she turns, picks up the bathrobe and, when she is about to throw it out as well, the doorbell rings. She puts the bathrobe around her and rushes to the door.*)

The courier!

puede ser la última. Tienes razón, digo, tengo razón, tenéis razón. ¡Todos tienen razón!

(*Se recompone, respira hondo.*)

Veamos, una segunda aproximación. Cierro los ojos, me concentro, doy unos pasos, cambio la clavija, veo la botella medio llena, abro los ojos y ¡ya!

(PEPA *se encuentra de nuevo ante el espejo con los ojos abiertos. Se suelta el pelo que le llega hasta los hombros.*)

Siempre tuve un pelo muy bonito. No sé por qué me lo recojo... Y estas ojeras, con un poco de maquillaje... El teatro no es tan cruel como el cine y la dueña de un burdel no tiene por qué ser Marilyn Monroe, con que esté un poco arreglada y tenga chicas guapas... Además, si soy vieja para Ofelia, todavía soy muy joven para la Bernarda o para Madre Coraje.

(*Coge el bolso, saca el neceser, se da coloretes y se pinta los labios.*)

Pasable, ya voy pareciendo otra. Esta bata es la antilujuria, no sé ni cómo la compré.

(*Se quita la bata y la tira al suelo. Se queda en combinación de encaje bastante más atractiva.*)

Y estas zapatillas parecen de mi abuelito. Fuera también.

(*Tira las zapatillas por la ventana. Se vuelve, recoge la bata y cuando está dispuesta a tirarla, llaman a la puerta. Se pone la bata por encima y echa a correr.*)

¡El mensajero!

(PEPA *exits; the sound of a door opening.*)

Thanks.

(*Sound of a door closing.* PEPA *enters already reading the script she holds in her hands.*)

(*The lights dim and take on a reddish cast. The small sitting room of a brothel. Faces are hardly distinguishable.* PEPA *is seated. Pulling back a curtain to enter is* GONZALO, *a middle-aged man. He is carrying a small package.*)

GONZALO.– Good afternoon.

PEPA.– Good afternoon to you too, sir. Come in; have a seat, please.

GONZALO.– Thank you.

PEPA.– Are you one of our regulars, or is this your first time with us?

GONZALO.– This is my first and last time.

PEPA.– Oh!

GONZALO.– Does it surprise you?

PEPA.– Yes, it does. You look like a man very sure of himself; a man who knows exactly what he wants.

GONZALO.– That's right; I know it perfectly.

PEPA.– Well, if you'll explain what that is, perhaps I can help you.

GONZALO.– You're really the only person who can help me.

PEPA.– And I'll be happy to do just that. What's your preference: tall, short, blonde, brunette, slender, plump?

GONZALO.– It doesn't matter. That's not my problem.

PEPA.– We have girls from Spain and other countries; they come from industrialized nations, from places still in the process of industrializing, and from the third world. You can choose a race and a continent.

GONZALO.– Let me think about it.

PEPA.– Do you want just the basic service or something special?

GONZALO.– (*Mysteriously.*) I want something special; extra special, actually. But for the time being, I'll have a whiskey.

PEPA.– It'll cost you double.

GONZALO.– The whiskey?

PEPA.– The extra service.

GONZALO.– Today, money's no item.

PEPA.– Did you just win the lottery?

GONZALO.– Maybe I will.

(*Sale del escenario. Ruido de puerta que se abre.*)

Gracias.

(*Ruido de puerta que se cierra.* PEPA *vuelve a entrar con el libreto en la mano leyendo.*)

(*La luz de la escena se vuelve tenue y roja. Salita de estar de un burdel. Casi no se distinguen las caras.* PEPA *está sentada. Entra separando las cortinas* GONZALO, *un caballero de mediana edad. Trae una bolsa en la mano.*)

GONZALO.– Buenas tardes.

PEPA.– Buenas tardes. Pase y siéntese, por favor.

GONZALO.– Gracias.

PEPA.– ¿Es usted cliente de la casa o es la primera vez?

GONZALO.– La primera y la última.

PEPA.– ¡Oh!

GONZALO.– ¿Le sorprende?

PEPA.– Pues sí. Parece usted un hombre muy seguro, de ésos que saben bien lo que quieren.

GONZALO.– Lo sé perfectamente.

PEPA.– Pues si me lo dice, tal vez pueda ayudarle.

GONZALO.– Usted es la única persona que puede realmente hacerlo.

PEPA.– Y lo haré con mucho gusto. ¿La prefiere alta, baja, rubia, morena, esquelética o metidita en carnes?

GONZALO.– Me da igual, no es mi problema.

PEPA.– Las tenemos nacionales y extranjeras. De países desarrollados, en vía de desarrollo y tercermundistas. Puede elegir también raza y continente.

GONZALO.– Déjeme pensarlo.

PEPA.– ¿Lo normalito o algún número en especial?

GONZALO.– (*Misterioso.*) Especial, muy especial, pero de momento un whisky.

PEPA.– Le costará el doble.

GONZALO.– ¿El whisky?

PEPA.– No, el número.

GONZALO.– Hoy no me importa el dinero.

PEPA.– ¿Le ha tocado la lotería?

GONZALO.– Me podría tocar.

PEPA.– Well, tell me what it is you want, and we'll both be winners.

GONZALO.– Later, perhaps.

PEPA.– Do you know what it is you want?

GONZALO.– Yes; I want you.

PEPA.– Me?

GONZALO.– Yes, you.

PEPA.– It's just that I'm not part of that particular staff. I'm a kind of receptionist here, and I'm just filling in for a few months. The owner has arthritis and is spending some time at a spa. She advertised for a serious, respectable middle-aged woman. I answered the ad, and here I am. Actually I hesitated accepting the position at first, but then I told myself just to imagine that I'd be selling a product; like peaches or pears. After all, this kind of business is going to exist with me or without me.

GONZALO.– Rationalizations!

PEPA.– My husband left me, and I had no choice but to take any job I could get.

GONZALO.– I thought as much.

PEPA.– You can tell by looking at me, right? I guess that sad look has set in, just like my inferiority complex. Everything gets so wrapped up in what they call self-esteem. You think people don't love you because you're unattractive, or old, or stupid, and those fears take root. Even you noticed it!...

GONZALO.– Don't torture yourself with thoughts like that.

PEPA.– That's what I say to myself every morning, but it doesn't help; at the end of the day, I'm right back where I started from.

GONZALO.– I'm going to make you feel better.

PEPA.– Yes, you're doing that already. Just to have somebody listen helps.

(GONZALO *looks intently at her*.)

PEPA.– Why are you looking at me that way? What are you thinking?

GONZALO.– That you have a very youthful face.

PEPA.– Don't make fun of me.

GONZALO.– I'm serious.

PEPA.– In this light, everybody looks good. You can't see the dark circles under my eyes or the lines around my mouth, and you can't see what my neck looks like. I'm going to turn on another lamp and get rid of those illusions.

PEPA.– Pues dígame el número y así compartimos la suerte.
GONZALO.– Luego, quizá.
PEPA.– ¿Ha pensado ya lo que quiere?
GONZALO.– Sí, la quiero a usted.
PEPA.– ¿A mí?
GONZALO.– Sí, a usted.
PEPA.– Verá, yo no soy profesional. Mi trabajo es de re-
cepcionista, y por unos meses nada más. La dueña
tiene reúma y toma las aguas en un balneario. El pe-
riódico pedía una mujer de mediana edad, seria y
respetable y mire dónde fui a caer. Lo dudé, pero me
dije, hazte la idea de que vendes ciruelas o mandari-
nas. Al fin y al cabo estas cosas existen *con mí* y sin mí.
GONZALO.– ¡Qué insensata!
PEPA.– Mi marido me abandonó y no tuve más remedio
que agarrarme a un clavo ardiendo.
GONZALO.– Lo suponía.
PEPA.– Se me nota en la cara, ¿verdad? Me ha quedado
un rictus de tristeza y bastante complejo de inferiori-
dad. Debe ser el mal de la autoestima, que dicen.
Piensas que te dejan porque eres fea, o vieja, o tonta y
esos pensamientos se pagan, ya lo creo que se pagan.
¡Hasta usted me lo ha notado...!
GONZALO.– No se torture con esos pensamientos.
PEPA.– Si yo me lo digo todas las mañanas, pero da igual,
a lo largo del día, vuelta a pensar lo mismo.
GONZALO.– Yo haré que se sienta mejor.
PEPA.– Ya lo está haciendo. Al hablar me estoy desaho-
gando un poco.

(GONZALO *la mira con insistencia.*)

PEPA.– ¿Por qué me mira de esa forma? ¿Qué piensa?
GONZALO.– Que tiene cara de niña.
PEPA.– No se ría de mí.
GONZALO.– Hablo en serio.
PEPA.– Con esta luz todos los gatos son pardos. No me ve
las bolsas de los ojos, ni las arrugas de la boca, ni el
cuello, ni nada. Voy a encender otra luz para que se
desengañe.

GONZALO.– No, please. Let me dream.

PEPA.– It's up to you. But anyway, the girls are waiting and you still haven't told me about your preferences.

GONZALO.– My preferences? They're for your circles, your sadness, your youthful expression.

PEPA.– Listen, you're making a mistake.

GONZALO.– That doesn't matter now.

PEPA.– It doesn't matter to you, but it matters to me. I already explained why I'm here.

GONZALO.– I know. I know everything about you.

PEPA.– Would you mind telling me how it is you know so much?

GONZALO.– Your sister told me.

PEPA.– You know my sister, too?

GONZALO.– When we were little, she did us lots of favors. Have you forgotten?

PEPA.– It can't be! Gonzalo! It's you! Gonzalo! You've changed so much! I would never have recognized you, bald and with that deep voice.

GONZALO.– I would have known you anywhere.

PEPA.– Let me look at you. Yes, now I recognize you. Ha, ha, ha. But what ever became of all that hair that used to fall over your forehead?

GONZALO.– Ah, yes; what time does to us.

PEPA.– So many years, so many years!...

GONZALO.– Exactly thirty-five.

PEPA.– A rainy day in spring, under the oak tree on "Hanging Hill."

GONZALO.– You were barely twelve then. I was fifteen going on sixteen when you disappeared from my life.

PEPA.– You're the one who disappeared.

GONZALO.– I loved you so much.

PEPA.– And I loved you, too.

GONZALO.– You wanted to explore the world; live life on your own terms.

PEPA.– And you wanted the world and life to begin and end with you.

GONZALO.– Whose fault was that? Yours or mine?

PEPA.– It was nobody's fault. Our lives simply took different paths. How has everything gone for you?

GONZALO.– Fine. How about you?

PEPA.– I think that's pretty obvious.

GONZALO.– No, por favor, déjeme soñar.

PEPA.– Como quiera. Bueno, las chicas están esperando y todavía no me ha dicho sus preferencias.

GONZALO.– ¿Mis preferencias? Sus ojeras, su tristeza y su cara de niña.

PEPA.– Oiga, usted se equivoca conmigo.

GONZALO.– Eso no importa ahora.

PEPA.– No le importará a usted, pero a mí sí. Ya le he dicho la razón por la que estoy aquí.

GONZALO.– Lo sé. Lo sé todo acerca de su vida.

PEPA.– ¿Y puede saberse por qué sabe tanto de mí?

GONZALO.– Porque me lo dijo tu hermana.

PEPA.– ¿También conoce a mi hermana?

GONZALO.– De pequeños nos hizo muchos favores. ¿Lo has olvidado?

PEPA.– ¡No es posible! ¡Gonzalo! ¡Eres tú, Gonzalo! ¡Qué cambiado estás! No te hubiera reconocido en la vida, con esa calva y ese vozarrón.

GONZALO.– Yo a ti, en cualquier parte del mundo.

PEPA.– Deja que te mire. Ahora sí. Ja, ja, ja. ¿Pero qué ha sido de tu precioso flequillo?

GONZALO.– Ya ves, el tiempo.

PEPA.– ¡Cuántos años, cuántos años...!

GONZALO.– Exactamente treinta y cinco.

PEPA.– Un día lluvioso de primavera, bajo la encina del ahorcado.

GONZALO.– Tú tenías doce recién cumplidos. Yo quince para dieciséis cuando desapareciste de mi vida.

PEPA.– Tú desapareciste.

GONZALO.– Te quería tanto.

PEPA.– Yo también te quería.

GONZALO.– Pero anhelabas tocar el mundo con tus manos.

PEPA.– Y tú pretendías ser mi único mundo.

GONZALO.– ¿De quién fue la culpa, tuya o mía?

PEPA.– De ninguno. Destinos divergentes. ¿Qué tal te ha ido?

GONZALO.– Bien. ¿Y a ti?

PEPA.– Ya me ves.

GONZALO.– I'm alone now. Will you come with me?

PEPA.– No, but I thank you anyway.

GONZALO.– You don't love me anymore?

PEPA.– It's not that.

GONZALO.– Then what is it?

PEPA.– It's too soon. I'm not ready.

GONZALO.– I'm not going to wait any longer.

PEPA.– I'm hurt and insecure.

GONZALO.– I warn you: there won't be a third chance.

PEPA.– I know. I kown all about your impatience.

GONZALO.– (*Handing her the package*) Here, then.

PEPA.– What's this?

GONZALO.– Open it and you'll see.

PEPA.– (*Taking out two braids of hair and a schoolgirl's smock.*) My smock from school, and my pigtails!...

GONZALO.– Memories of you.

(PEPA *separates her hair in back, fastens the braids in place with invisible bands and puts on the smock.*)

PEPA.– Why are you bringing these to me now?

GONZALO.– Because it hurts to keep them.

PEPA.– Then why didn't you throw them away?

GONZALO.– I couldn't bring myself to do that.

PEPA.– You've kept them so long.

GONZALO.– Because the hope was still alive.

PEPA.– What a strange hope.

GONZALO.– For the last time: come with me.

PEPA.– I can't.

GONZALO.– Why not?

PEPA.– Because I'm still pretty much the girl I was on that rainy spring day.

GONZALO.– You mean, you still want to explore the world and live life on your own terms?

PEPA.– I'd like to give it a try, at least.

GONZALO.– It's a little late to start things like that.

PEPA.– Maybe; maybe not.

GONZALO.– I think you're a little crazy.

PEPA.– I may be stark raving mad, but I'm not giving up.

GONZALO.– It's good-bye, then, and for the last time.

GONZALO.– Estoy solo. ¿Quieres venir conmigo?

PEPA.– No. Te lo agradezco.

GONZALO.– ¿No me quieres ya?

PEPA.– No es eso.

GONZALO.– ¿Entonces?

PEPA.– Es pronto todavía.

GONZALO.– No esperaré más.

PEPA.– Estoy dolorida y rota.

GONZALO.– No habrá una tercera vez.

PEPA.– Lo sé, conozco tu impaciencia.

GONZALO.– (*Dándole la bolsa.*) Entonces, ten.

PEPA.– ¿Qué es esto?

GONZALO.– Ábrelo y lo verás.

PEPA.– (*Sacando las trenzas y el babi.*) ¡El babi del colegio y mis trenzas...!

GONZALO.– Tus recuerdos.

(PEPA *se recoge el pelo detrás con una goma y se coloca las trenzas sujetas por hilos invisibles. También se pone el babi.*)

PEPA.– ¿Por qué me los devuelves ahora?

GONZALO.– Porque me pesan.

PEPA.– ¿Y por qué no los tiraste a la basura?

GONZALO.– No podía.

PEPA.– Los has conservado tanto tiempo...

GONZALO.– El tiempo que duró la esperanza.

PEPA.– Extraña espera la tuya.

GONZALO.– Por última vez, ven conmigo.

PEPA.– No puedo.

GONZALO.– ¿Por qué?

PEPA.– Porque soy la misma niña de aquel día lluvioso de primavera.

GONZALO.– ¿Persistes en tocar el mundo con tus manos?

PEPA.– Quiero, al menos, por segunda vez, intentarlo.

GONZALO.– Es tarde para empezar.

PEPA.– Ya veremos.

GONZALO.– Estás loca.

PEPA.– De atar, pero no me dejo.

GONZALO.– Entonces, adiós, adiós para siempre.

PEPA.– Good-bye, Gonzalo.

(The telephone rings. The lights return to their original brightness as PEPA, *still in smock and braids, answers it.)*

Hello?...

(Speaking in a youthful, upbeat manner.)

Well, Juan! I certainly wasn't expecting a call from you!... My sister? Oh, for Pete's sake! I told her not to call anyone!... Yes, it's true; I was about to do just that, but I changed my mind... Because I've decided I want to reach out and touch the world. I'd like to lie on the sand when I want to, or drench myself in the early-morning dew, if I take a notion. I want to gaze at the stars, and–why not?–watch TV when the mood strikes me... Ha, ha, ha. Me, crazy? No, I've never been more sane... In so little time? Is that what it seems like to you? It seems like an eternity to me... Ironic? No, I'm just being honest. So many things have gone through my head... You don't understand? I'll try to keep it simple. Because I wanted to reach out and embrace the world, I lost Gonzalo; to keep your love, I gave up everything and ended up helpless; with no world and with no love. Now I'm going to start over and see if, on the third time around, I can get it right... No, there's nobody else, but maybe in the future, if love comes along at the right time, fine... Get even? Absolutely not. On the contrary; I'm grateful to you. It's as though I had been paralyzed in some freak accident and then, as though by some miracle, I'm cured. It's like having a curtain suddenly open to reveal so clearly my past life, so loveless, so empty; it was like living in a void, because it wasn't my life I was living; it was your life in disguise... No, I'm not acting; it's like there's suddenly a flash of light, and you see clearly and change... Don't feel bad; it's not your fault. Love did a number on us both... Don't get upset and blame yourself about it. Remember the lines from that play: "Be brave, love; there's still time/ You can feel what you felt/ The world is empty only if your heart is empty/ Sad is the life that clings to a lost love..." Sorry; I guess the actress comes out in these stressful moments. But sincerely, I do want you to be

PEPA.– Adiós, Gonzalo.

(*Suena el teléfono. Vuelve la iluminación inicial.* PEPA *con el babi y las trenzas coge el teléfono.*)

¿Diga...?

(*En tono jovial e infantil.*)

¡Hola, Juan! No esperaba tu llamada... ¿Mi hermana? ¡Cómo es, mira que le dije que no llamara a nadie...! Sí, es cierto, a punto estuve, pero he cambiado de idea... Porque quiero tocar el mundo con mis manos... y tumbarme en la arena cuando me plazca, y bañarme de rocío y contemplar las estrellas y, por qué no, ver la televisión cuando me venga en gana... Ja, ja, ja... ¿Loca yo...? Nunca estuve más cuerda... ¿En tan poco tiempo? ¿Te lo parece a ti? A mí me parece un siglo... ¿Ironía? No, es la pura verdad... ¡Han pasado tantas cosas por mi cabeza...! ¿Que no lo entiendes? Te lo diré en pocas palabras. Por anhelar el mundo perdí a Gonzalo. Por conservar tu amor renuncié a todo y me quedé sin mundo, sin amor y sin manos. Ahora comenzaré de nuevo, a mi manera, por ver si a la tercera pueda encontrar la vía... No tengo ningún amor escondido, pero si llega oportunamente, bienvenido sea. ¿Rencor? En absoluto. Al contrario, te doy las gracias... Es como si hubiera estado paralítica y de pronto ocurriera el milagro. Como si se descorriera una cortina y vieras tu pasado, lleno de desamor, de vacío, de nada, porque no estaba viviendo mi vida sino la tuya disfrazada... No estoy interpretando, es así, de repente un relámpago, ves luz y cambias... No te atormentes, la culpa no es tuya. Es del amor que nos juega malas pasadas... No te deprimas, ni te culpabilices. "Ánimo amor, que estás a tiempo/ de volver a sentir lo que sentías. / Vacío está el mundo si el corazón vacío./ Triste es la vida aferrado a un amor que está perdido"... Perdona, no sé por qué en situaciones límites me vuelvo poética...

happy with that new person. I'm sure she's wonderful... Have dinner tonight? No, it's too soon... Tomorrow? No, I can't do it then either; I have a rehearsal... You think it's not true? Think whatever you like... Next week? Sorry; I'm busy... Next month? No; look, why don't you call me a year from now?... Don't shout. I'm not deaf. If you keep yelling at me, I'll start yelling back; or maybe I'll just sing or recite something.

"When my house closed in, stifling and tight,
I pushed it back with all my might.
My throat, though long weak and winded,
Drank in the air, and my silence ended."

Okay, okay; no need to get bent out of shape, for crying out loud.

(PEPA *holds the receiver away from her ear.*)

He hung up! Oh, what the hell. His loss, my gain!

(*After replacing the receiver,* PEPA *removes the pigtails and the smock and tosses them both out of the window along with the bathrobe. She exits singing, shouting or reciting triumphantly the final words of the song begun earlier.*)

"Time's up, they said, all gone;
Too late, they warned, to sing a new song,
Tra-la-la, tra-la, la, li,
For what could foolish me ever aspire to be?
But deaf to their taunts,
I now ponder my wants.
With time of my own, no longer a wife,
Here I come world, in search of a life!"

CURTAIN

Pero, sinceramente, deseo que seas feliz con esa chica. Seguro que es estupenda... ¿A cenar, esta noche?
No, es muy pronto, gracias... ¿Mañana? No podré, tengo que ensayar... ¿Mentira? Piensa lo que quieras...
¿La próxima semana...? Lo siento, estaré muy ocupa-
da... ¿El mes que viene...? Mira, mejor, llámame dentro de un año por estas fechas... No me grites, que no
estoy sorda... Que no me grites... Si me sigues gritando te grito..., te canto, o te recito...

"Se me ha quedado estrecha mi casa,
el tiempo de silencio se acabó,
la voz se me quebraba en la garganta,
y el aire, de tanto encerramiento, se me viciaba".

Bueno, hombre, no te enfades, Pero no te pongas así,
que no es para tanto...

(PEPA *separa el teléfono del oído.*)

Me ha colgado. Allá él.

(PEPA *cuelga el teléfono, se quita las trenzas y el babi y los
arroja por la ventana junto con la bata de casa. Luego desaparece de escena, cantando, gritando o recitando las últimas
palabras de esta copla.*)

"Me dijeron que ya pasó la hora,
me dijeron, no es tiempo de empezar,
me dijeron a dónde va esa loca,
me dijeron que tararararará...
Y yo sorda a dimes y diretes,
echo al viento mi pelo a despeinar,
voy en busca del...".

TELÓN

¡NO MOLESTE, CALLE Y PAGUE, SEÑORA!

SHUT UP, DON'T BOTHER ME, AND PAY ON YOUR WAY OUT, LADY!

Lidia Falcón

CHARACTERS

MAGDA
CAPTAIN
LIEUTENANT / ATTORNEY
MARGARITA
MARÍA
VOICE (male)

PERSONAJES

Magda
Inspector
Subinspector / Abogado
Margarita
María
Voz (masculina)

Scene I

(*Interior of a metropolitan police precinct. In an area separated from the rest of the room by a railing, an exaggeratedly high judge's bench, a typewriter on a table and a chair, a separate defense table on which there are several blank sheets of paper. On the wall, a crucifix and portraits of twentieth-century kings and military dictators: Alfonso XIII, Juan Carlos I, Primo de Rivera and Franco. Cigarette butts overflow ashtrays and litter an already filthy floor. The middle-aged police* CAPTAIN *is dressed traditionally: suit, shirt, tie; short hair; he smokes a cigar and, on one hand, wears a gold ring in the form of a seal. The nails of both pinkie fingers are exaggeratedly long.* MAGDA, *a middle-aged woman, wears an unattractive, old-fashioned outfit and low-heeled shoes; her hairstyle suggests a cheap beauty parlor. Her hands are red and rough from housework. She has a black eye, scratches on her face and one arm in a sling. She speaks clumsily and always on the verge of tears. A young clone of the* CAPTAIN, *the* LIEUTENANT *wears a suit, shirt and tie identical to his superior's. As the curtain goes up, the* CAPTAIN *occupies the bench. A transistor radio at his elbow broadcasts a soccer game. He inhales his cigar deeply as he leisurely cleans his fingernails with a toothpick. Obviously frightened and hesitant to speak,* MAGDA *stumbles toward the bench, which is almost as tall as she is.*)

MAGDA.– (*Nervously.*) Good afternoon.

Escena I

(*Comisaría de policía. Un estrado muy alto, exagerada-
mente alto, donde se halla la mesa del* Inspector *de policía. Una barandilla separa el estrado del resto de la habitación. Mesa, silla, máquina de escribir con una silla y
mesa Involca. Un Cristo encima de la mesa. Retratos de
Alfonso XIII, Primo de Rivera, Franco y Juan Carlos I en
las paredes. Papeles encima de la mesa pero pocos y en blan-
co. El suelo sucio. Colillas en los ceniceros. Nada más. El*
Inspector, *de media edad, va vestido tradicionalmente:
traje, camisa y corbata; el pelo corto; fuma un puro; un
sello de oro en la mano y las uñas de los meñiques muy
largas.* Magda *es una mujer de media edad; vestida con
un traje feo y anticuado, zapatos bajos, peinado de peluquería barata; manos de fregar; lleva un ojo morado, ara-
ñazos en la cara y un brazo en cabestrillo; se expresa mal
y siempre está a punto de llorar. El* Subinspector, *más
joven que el* Inspector, *va vestido igual que éste; si puede ser, el mismo traje y color; camisa y corbata idénticas.
Se levanta el telón y el* Inspector *está sentado en el estrado. Una radio de transistores que tiene encima de la
mesa retransmite un partido de fútbol. Fuma el puro y se
limpia las uñas con un palillo.* Magda *entra en la habitación. Está muy asustada y vacila antes de hablar. No se
atreve a levantar la voz y se acerca a trompicones hasta el
estrado. Éste, con la mesa, le queda casi a la altura de la
cara.*)

Magda.– (*Muy asustada.*) Buenas tardes.

(*The* CAPTAIN *doesn't hear her. Being broadcast at that moment is the report of a goal. The* CAPTAIN *chuckles, rubs his hands and claps gleefully. Then, with a satisfied look, he goes back to cleaning his fingernails.*)

MAGDA.– (*Speaking a little louder.*) Good... Good afternoon...

(*The* CAPTAIN *eventually looks up and regards her with some surprise and distrust.*)

CAPTAIN.– What are you doing in here?

MAGDA.– He... The policeman at the door told me to come in...

CAPTAIN.– (*More irritated.*) Why in the world would he do that?

MAGDA.– I wanted to file a complaint...

CAPTAIN.– (*Surprised and annoyed.*) A complaint? Here? Today?

MAGDA.– (*Nodding affirmatively, but very unsure of herself.*) Yes...

CAPTAIN.– (*Even more surprised.*) What on earth about?

MAGDA.– (*Stuttering.*) You... Aren't you a police officer?

CAPTAIN.– Naturally! Why else would I be sitting here?

(*The* CAPTAIN *turns away from* MAGDA, *cleaning his fingernails with a satisfied look as he concentrates on the radio broadcast.*)

MAGDA.– (*Takes a step toward the bench and looks up at the* CAPTAIN, *hoping to attract his attention. She is undecided. The* CAPTAIN *seems determined not to notice her, but she persists.*) My husband beat me...

(*The* CAPTAIN *looks at her in amazement, puts down the toothpick and leans over to get a better look.*)

CAPTAIN.– What's that got to do with me?

MAGDA.– I wanted to file a complaint...

CAPTAIN.– (*Angrily.*) A complaint! Are you serious? Don't you have anything better to do than come in here and complain because your husband beats you? And on Sunday afternoon, while the game's on, no less!

(*El* INSPECTOR *no la oye. Se retransmite en ese momento un gol y el* INSPECTOR *se ríe y se frota las manos, aplaude entusiasmado. Después sigue limpiándose las uñas con satisfacción.*)

MAGDA.– (*Un poco más alto.*) Buenas... buenas tardes...

(*El* INSPECTOR *levanta la vista y mira con sorpresa y desconfianza a la mujer.*)

INSPECTOR.– ¿Qué hace usted aquí?
MAGDA.– El... el policía de la puerta me dijo que pasara...
INSPECTOR.– (*Cada vez más irritado.*) ¿Para qué?
MAGDA.– Para presentar una denuncia...
INSPECTOR.– (*Entre sorprendido y colérico.*) ¿Una denuncia? ¿Aquí? ¿Hoy?
MAGDA.– (*Asiente con la cabeza cada vez más insegura.*) Sí...
INSPECTOR.– (*Ahora realmente sorprendido.*) Pero, ¿por qué?
MAGDA.– (*Balbuceando.*) Usted... ¿Usted es policía?
INSPECTOR.– ¡Naturalmente! ¿Qué cree que hago aquí si no?

(*El* INSPECTOR *vuelve a olvidar a* MAGDA. *Se limpia las uñas satisfecho, prestando toda su atención al programa de radio.*)

MAGDA.– (*Da un paso hacia la mesa, mira hacia arriba para llamar la atención del policía. No sabe qué hacer. Por fin como el* INSPECTOR *no se da por aludido, insiste.*) Mi marido me ha pegado...

(*El* INSPECTOR *la mira con asombro. Deja el palillo y se inclina sobre la mesa para mirarla.*)

INSPECTOR.– ¿Y a mí qué?
MAGDA.– Quería presentar denuncia.
INSPECTOR.– (*Colérico.*) ¡Denuncia! ¿Será posible? ¿No tiene usted nada mejor que hacer que venir aquí a presentar denuncia porque su marido le ha pegado, un domingo por la tarde, mientras retransmiten el partido de fútbol?

MAGDA.– (*Disconcerted and insecure, but working up her courage.*) He really hurt me... He broke my arm... And he threw me out of the house. He says he's going to lock me out; that he's going to put the children in an orphanage so they won't bother him anymore...

(*The* CAPTAIN *peers down at her, surprised and mildly amused, as if he had just heard an entertaining story. He even betrays some interest in what she says and momentarily lowers the volume on the radio.*)

CAPTAIN.– Why is that?

MAGDA.– (*The* CAPTAIN'*s interest inspires some confidence.*) He says he doesn't love me any more; that he's not attracted to me. He says the children and I get on his nerves; that we make a lot of noise and keep him from watching the game in peace.

(*The* CAPTAIN *reacts with a start when he hears this and assumes a stern expression.*)

CAPTAIN.– (*Indignant.*) And do you really do that?

(MAGDA *looks at him again fearfully and without understanding.*)

MAGDA.– Well... I guess we do, sometimes... The children are very small... When they play, they squeal, and I can't... (*The rest of her sentence is drowned out.*)

(MAGDA *keeps on talking even though her voice cannot be heard. The radio, turned up louder than ever, transmits the roar of the crowd in the stadium.*)

CAPTAIN.– (*Very loud and angry.*) And you really want to file a complaint? This poor man comes home from work, tired out and looking forward to the innocent relaxation of watching TV in his own home. It's the final game of the season; it's the championship, no less. And what does he find? A nagging wife and some noisy brats that won't let him enjoy the game in peace... That just might qualify as justifiable homicide. I'd say you got off easy.

MAGDA.– (*Está muy desconcertada e insegura, pero saca valor e insiste.*) Me ha hecho mucho daño... Me ha roto el brazo... Y me ha echado de casa. Dice que no me volverá a dejar entrar. Dice que va a meter a los niños en un asilo para que no le molesten más...

(*El* INSPECTOR *la mira ahora con sorpresa y distracción, como si escuchara un cuento. Hasta parece interesado por el relato. Baja un momento el tono de la radio y pregunta.*)

INSPECTOR.– ¿Por qué?

MAGDA.– (*Más valiente al ver el interés del policía.*) Dice que ya no me quiere, que no le gusto. Dice que los niños y yo le molestamos, que hacemos mucho ruido y que no le dejamos oír el partido.

(*El* INSPECTOR *da un respingo al oír esto y pone una expresión feroz.*)

INSPECTOR.– (*Enfadado.*) ¿Y eso es verdad?

(MAGDA *lo mira asustada nuevamente y sin comprender responde.*)

MAGDA.– Bue... bueno, a veces sí, claro... Los niños son pequeños... Juegan y chillan y yo no puedo... (*El resto de la frase se pierde.*)

(MAGDA *sigue hablando sin que se oiga. La radio está muy fuerte, se oyen los gritos del campo de fútbol.*)

INSPECTOR.– (*A gritos y muy enfadado.*) ¡Y todavía querrá denunciarlo! Un pobre hombre, cansado de trabajar, que regresa a su casa para disfrutar con el inocente recreo de escuchar un partido de fútbol, final de Copa, además, y competición contra el Madrid en su propio campo. Y se encuentra con una mujer llorona y unos niños gritones que no le dejan oír con tranquilidad... ¡Pero si es para matarlos a todos! ¡Poco le ha hecho!

(MAGDA *begins to cry softly. The* LIEUTENANT, *greatly agitated, enters.*)

LIEUTENANT.– Sir! They've just held up the bank on the corner! Right here under our noses! The perpetrators are still inside there! The cashier is wounded, and they are holding twenty people hostage...

(*The* CAPTAIN *turns down the volume of the radio as he snorts, squirms and rubs his head in anger.*)

CAPTAIN.– Goddamn all those terrorists, those atheists, the gangsters, communists, delinquents! Damn all the illegal immigrants and faggots! Damn 'em all!

(*The radio blares news of another goal. The* CAPTAIN *is livid with rage and babbles incoherently as* MAGDA *sobs and the* LIEUTENANT *bobs his head in support of his superior.*)

CAPTAIN.– (*Howling.*) Get everybody out! Everybody! The whole police force, all the officers, all the ranks, everybody!
LIEUTENANT.– We only have two men on duty, and they're both guarding the door.
CAPTAIN.– Call out the swat team! They hardly ever do anything! Let's see if they earn some of that pay they rake in every month for sitting on their asses! Look at me here, all alone and overworked; I have no help and no extra pay of any kind!

(*The* LIEUTENANT *accepts the command and dashes off stage left, running directly into* MAGDA's *broken arm.* MAGDA *screams in pain, and the* CAPTAIN, *who had forgotten she was there, turns to glare down at her.*)

CAPTAIN.– (*Indignant.*) Well, whaddaya know! You still here? Can't you see we have serious problems on our hands? The national security is at stake, and you stand there whimpering about some little slap. Here we are, risking our lives for you and people just like you, protecting you against the real criminals: the terrorists, the illegal aliens, the faggots and

(MAGDA *se echa a llorar bajito. Entra el* SUBINSPECTOR *alterado.*)

SUBINSPECTOR.– ¡Inspector! Han atracado el Banco Requejo. ¡Aquí mismo! ¡Los atracadores están dentro! Han herido al cajero y tienen veinte rehenes...

(*El* INSPECTOR *baja nuevamente el tono de la radio, mientras bufa, se retuerce en el asiento y se mesa los cabellos.*)

INSPECTOR.– ¡Maldita sea! ¡Malditos sean todos los terroristas, masones, mafiosos, etarras, macarras, maricones, chorizos!

(*La radio grita en ese momento otro gol. El* INSPECTOR *está rojo de ira. Grita inarticuladamente sin pronunciar palabra.* MAGDA *llora. El* SUBINSPECTOR *asiente con la cabeza, comprensivo de la actitud de su superior.*)

INSPECTOR.– (*Aullando.*) ¡Que vayan, que vayan todos! Números, inspector, subinspector, oficiales.
SUBINSPECTOR.– No tenemos más que dos números y están de guardia en la comisaría.
INSPECTOR.– ¡Pues llama a los Geos que apenas tienen trabajo! ¡A ver si se ganan los emolumentos extras que cobran! ¡Y yo aquí, rendido de trabajar, y solo, sin ayuda, y sin pagas extras!

(*El* SUBINSPECTOR *asiente y sale corriendo por el lateral izquierdo por donde ha entrado. Al pasar le da un golpe a* MAGDA *en el brazo herido.* MAGDA *da un grito de dolor. El* INSPECTOR *la mira nuevamente porque no se acordaba de ella.*)

INSPECTOR.– (*Indignado.*) ¡Vaya por Dios! ¿Todavía sigue usted aquí? ¿No se ha dado cuenta de los graves problemas que tenemos? La seguridad de la patria está en peligro y usted llorando por un bofetón más o menos. Nosotros arriesgándonos la vida por usted, y otros como usted, para defenderlos de criminales, terroristas,

other undesirables. And your poor husband comes home from work exhausted, and you won't even let him enjoy the game... (*He makes a gesture of dismissal and points toward the door.*) Go on; get back home to your husband. I forgive you this time,... because I'm a Christian. Now go, and sin no more!

(MAGDA, *crying and holding her arm in pain, exits stage left. The* CAPTAIN *turns up the volume of the radio, lights another cigar, smiles contentedly and goes back to cleaning his fingernails. A loud roar from the stadium signals another goal. A minute later,* MARGARITA *enters and almost collides with* MAGDA. *They look at each other briefly and offer timid greetings.* MARGARITA, *however, is more assertive.*)

MARGARITA.– Good afternoon...

RAPID CURTAIN

chorizos, maricas y demás ralea. Y su pobre marido, reventado de trabajar, sin poder disfrutar del partido... (*Hace un ademán con la mano de perdón y olvido, mientras le señala la puerta.*) Ande, ¡váyase! ¡Váyase de una vez y por ésta se lo perdono! ¡Pero que no se repita!

(MAGDA *sale llorando por el lateral izquierdo apretándose el brazo, por donde ha entrado y salido el* SUBINSPECTOR. *El* INSPECTOR *sube el tono de la radio. Enciende otro puro. Vuelve a limpiarse las uñas con sonrisa de satisfacción. Se oyen los gritos del campo al marcar otro gol. Un minuto después, entra* MARGARITA *que casi tropieza con* MAGDA *cuando ésta salía. Se miran y se saludan tímidamente.* MARGARITA *entra decidida.*)

MARGARITA.– Buenas tardes...

TELÓN RÁPIDO

SCENE II

(*A legal office. The* ATTORNEY *sits behind an exaggeratedly high desk; perhaps it is on a platform. The client's tiny chair in front of it is so small and low that* MARGARITA's *legs will be doubled up uncomfortably when she sits. On the wall, images of Christ and St. Raymond. The* ATTORNEY *is a young man wearing the traditional black court robe over his street clothes: dark suit, white shirt and black tie. Margarita is a well-dressed young woman wearing simple jewelry. Her make-up is understated and her hands, although manicured, betray signs of housework. Her manner is strong and decisive.*)

ATTORNEY.– You say you want a divorce? On what grounds? (*His speech is refined, but his tone communicates disapproval.*)

MARGARITA.– My husband has gone off with his secretary. Don't you think that's grounds enough?

ATTORNEY.– (*Continually lacing and unlacing his fingers, he smiles in a superior, condescending fashion, as he will throughout the interview.*) Let's see,... let's see. Maybe so, maybe not; it all depends. Where did they go?

MARGARITA.– They took a vacation together, at the beach. They stayed at the Central Hotel. I have the room numbers and telephone. (*She searches around in her purse and finds some papers that she places in front of the* ATTORNEY. *He neither picks them up nor glances at them.*)

ESCENA II

(*Despacho del* ABOGADO. *La mesa es muy alta. Se procurará poner un escalón detrás para que se siente el* ABOGADO. *Un sillón delante de la mesa que quedará muy bajito. El sillón es pequeño también, de modo que* MARGARITA *tiene que sentarse con las piernas encogidas. Un Cristo colgado detrás de la mesa. Un retrato de San Raimundo de Penyafort en la pared. Nada más. El* ABOGADO *es un hombre joven, vestido con toga y birrete; debajo de la toga se ve un traje negro, camisa blanca y corbata negra.* MARGARITA: *una mujer joven, bien vestida, con alguna joya; discretamente maquillada y pintada; lleva las uñas pintadas pero con signos de fregar; es decidida y aparenta tener carácter.*)

ABOGADO.– ¿Dice usted que quiere divorciarse? ¿Y puede saberse por qué? (*El tono del* ABOGADO *indica, educadamente, que le parece una pretensión inaceptable.*)

MARGARITA.– Mi marido se ha ido de casa con su secretaria. ¿Le parece poco?

ABOGADO.– (*Juega entrelazando y separando los dedos continuamente. Sonríe comprensivo con acento de superioridad que no abandona nunca.*) Veamos... veamos. Puede ser mucho y puede ser poco. ¿Adónde se han ido?

MARGARITA.– A Mallorca. A pasar unos días de vacaciones. Se hospedan en el Hotel Central. Tengo el número de la habitación y el del teléfono. (*Rebusca en su bolso hasta que encuentra unos papeles que le alarga al* ABOGADO. *Éste ni los mira ni los coge.*)

ATTORNEY.– Well, well. Actually, that's not much proof. Did they sleep together? Did they register at the hotel as husband and wife?

MARGARITA.– (*Shaking her head to indicate "no" and gathering up the papers.*) No, they had separate rooms and registered under their own names. They pretend to be simply a businessman and a secretary.

ATTORNEY.– (*Smiling triumphantly.*) Oh, well! That's bad; very bad. You have no absolute proof of adultery. (*Articulating in an exaggerated fashion the legal phrase in Latin.*) *Adulterii probatum debem esse.* You understand? In the old days (MARGARITA *tries to interrupt him, but he silences her with a gesture and continues.*), in medieval times, that is, under the great jurist Alfonso X The Wise, trials by fire or by boiling oil established guilt. Not very democratic methods, to be sure, but they could be extremely effective, indeed. Then under the Napoleonic Code, adultery *comprobatum est*–that means "could be proved"–if an eyewitness testified under solemn oath to having observed the act firsthand. But let's be perfectly clear. (*Another gesture to silence* MARGARITA, *who continually attempts to interject, as he goes on speaking with the same pompous air.*) Our current system of justice defines adultery as complete coitus; that is, penile penetration of the vagina with a consequent complete emission of semen to form the perfect ejaculation. We must understand that it is unnecessary to observe with the human eye the aforementioned perfect ejaculation; it is sufficient to have external and material proof, in the form, say, of the freshly soiled sheet, or the results of a medical examination of the woman's vagina, if one is fortunate enough, that is, to catch the couple in bed naked and locked in an erotic embrace. So tell me; can you present this kind of proof or anything remotely similar?

MARGARITA.– (*Hesitant and less confident now, she seems to shrink as the scene progresses. Clearing her throat and lowering her voice.*) Of course that would be impossible. But my husband has been seeing this woman openly for two years. They go around in public arm in arm. He even gave her the diamond ring his parents gave me when we got engaged; he took it out of my jewel box without telling me. And I have receipts

ABOGADO.– Bueno, bueno. No es mucho, bien mirado. ¿Y hacen vida marital? ¿Están inscritos en el registro del hotel como marido y mujer?

MARGARITA.– (*Niega con la cabeza y se guarda los papeles.*) No. Se hospedan en habitaciones separadas con sus propios nombres. Fingen que sólo son jefe y secretaria.

ABOGADO.– (*Sonríe triunfalmente.*) ¡Huy! Malo, muy malo. No existen pruebas fehacientes de adulterio. (*Fraseando despacio.*) *Adulterii probatum debem esse*, ¿comprende? Antes (MARGARITA *intenta interrumpirle pero él hace un gesto con la mano para detenerla y continúa hablando con la misma prosopopeya.*), en tiempos de Alfonso X *El Sabio,* el gran jurista, las pruebas del fuego y del agua y las ordalías del aceite hirviendo probaban el pecado. Sistemas poco democráticos, es cierto, pero eficaces a veces. A partir del Código Napoleónico el adulterio *comprobatum est* siempre que un testigo presencial preste testimonio en tal sentido, bajo juramento indubitado, de que haya ayuntamiento carnal. Pero, entendamos... (*Nuevo gesto para detener a* MARGARITA *que quiere hablar.*) El ayuntamiento que se precisa para la existencia de un cierto y probado adulterio es el coito perfecto; es decir, la introducción del pene en la vagina con emisión del esperma en una eyaculación completa. Entendamos que la comprobación de tal emisión no se precisa presenciar inmediata y ocularmente, bastando los signos externos suficientes, como la sábana recién manchada, o la inspección médica de la vagina de la mujer, si se ha encontrado en la cama a la pareja, desnudos y abrazados eróticamente. Pero dígame, ¿cómo puede usted presentar semejantes pruebas, ni aun indicios de tal cosa?

MARGARITA.– (*Vacila. Ha perdido parte de su seguridad. Parece hacerse más pequeña a medida que transcurre la escena. Carraspea y dice con voz más baja.*) Por supuesto eso es imposible. Pero mi marido sale con esa señorita desde hace dos años. Van a todas partes juntos, cogidos del brazo. Le ha regalado incluso el anillo de brillantes de pedida que me regalaron sus padres antes de casarnos, que ha quitado del joyero sin darme explicaciones,

from hotels and restaurants where they go, and he charges everything to the business. He's even rented an apartment for them to be together after work. The neighbors see them coming and going.

ATTORNEY.– (*More arrogant than ever.*) That's just circumstantial evidence; no more than a notion of yours, and not admissible in a court of law. The suspicion of adultery might have been enough for an ecclesiastical body to approve a separation, but these days, my dear lady, the power of the Church's jurisdiction has unfortunately eroded and left us at the mercy of the civil courts, where human feelings and Christian morality count for nothing. Our only recourse in proceeding with a legal separation is (*Articulating exaggeratedly.*) e-vi-dence; hard, fast, beyond doubt.

MARGARITA.– (*Getting desperate.*) But he has gone off with her! He's taken a month's vacation with this woman. He's left me here alone with the children without any money. Yesterday, the electric company shut off the power because the bill hadn't been paid. That's legal grounds; it's abandonment of the family and besides, it's malicious abandonment, because it's common knowledge and done on purpose!

ATTORNEY.– (*Leaning over to look at her sternly.*) And what could you possibly know about malicious abandonment of the family as legal grounds?

MARGARITA.– (*Taken aback.*) I looked it up in the Penal Code. I bought one...

ATTORNEY.– (*Frowning and angry.*) You think you know a lot, don't you? Then, why in the world are you bothering to consult a professional? Could it be because we see so much more clearly the delicate shades of meaning and the subtle details that make for the perfect meshing of the various judicial components that govern the civil status of all our citizens? You buy the Penal Code and, all of a sudden, you're an expert! Why don't you hang out a shingle and offer legal advice? Imagine! But all you're interested in is the laws that affect you personally! Isn't that so? Why do you suppose we have attorneys? They should prohibit the sale of the Penal Code to people who aren't lawyers. Don't you know you can't come in here and–just like that–file for a divorce?

y he visto las facturas de los hoteles y de los restaurantes donde van, que se las paga la empresa como gastos de trabajo. También tiene alquilado un apartamento donde van juntos al terminar el trabajo y los vecinos los han visto entrar y salir.

ABOGADO.– (*Más seguro que nunca.*) Indicios, suposiciones... ¡Ta, ta, ta! Ello hubiese bastado en el Tribunal Eclesiástico para tramitar una separación por sospecha de adulterio, pero hoy, querida señora, en que se ha despreciado ingratamente a la jurisdicción eclesiástica y hemos tenido que caer en el Juzgado Civil, donde no se tienen en cuenta los sentimientos humanos, ni la moral cristiana, solamente podemos aportar pruebas, ¡pru-e-bas!, fehacientes, indubitadas, para poder proceder a una separación.

MARGARITA.– (*Que empieza a desesperarse.*) ¡Además se ha ido de casa con ella! No piensa volver en un mes que se ha tomado de vacaciones y me ha dejado sola con los niños en el piso de Barcelona y sin un duro. Ayer me cortaron la luz por falta de pago. ¡Eso es abandono de familia, y además malicioso!

ABOGADO.– (*La mira con una expresión severa inclinándose por encima de la mesa.*) ¿Y usted cómo sabe cuál es el abandono malicioso del hogar?

MARGARITA.– (*Un poco asustada.*) Lo he mirado en el Código Penal. Me compré uno...

ABOGADO.– (*Ceñudo y enfadado.*) Usted quiere saber mucho, ¿eh? ¿Entonces para qué viene a molestar a un profesional, que conoce mucho mejor que usted los matices, los detalles jurídicos, que forman el perfecto entramando de los cuerpos legales que rigen el *status* civil de los ciudadanos? ¡Usted se compra un Código Penal y cree que ya sabe las leyes! ¿Por qué no pone entonces la placa en la puerta y se pone a dar consejos a los demás? ¡Será posible! ¡Usted quiere saber las leyes que la afectan!, ¿verdad? ¿Y entonces para qué estamos los abogados? Deberían prohibir vender códigos a los profanos. ¿Usted no sabe tampoco que no puede pedirse el divorcio así como

(MARGARITA *makes a gesture that suggests insecurity, ignorance and a plea for forgiveness. The* ATTORNEY *becomes increasingly haughty.*) Oh, sure, sure! You buy a Penal Code and you think you know it all! But, oh, no; before one can initiate any proceedings for the "dissolution of marriage"–that's the proper legal term for divorce–one must file for a separation, and only after a year from the time of this filing can one then proceed to request a divorce. And now tell me, dear lady, what else do you know about "malicious abandonment" as grounds for divorce?

MARGARITA.– (*Defeated.*) I should have known. I already tried that. I went to the police station yesterday afternoon...

ATTORNEY.– (*Frowning and slightly concerned.*) And what happened there?

MARGARITA.– (*In a barely audible voice.*) They didn't want to take my complaint either. The policeman said it was silly; a waste of time, because my husband would come back. He told me to use my time alone to clean house and cook, because my husband was going to come home tired and hungry...

ATTORNEY.– (*Heaving a sigh of relief and feeling calm and confident once more.*) Excellent advice. Things look a lot better to men when they're sitting in front of a good meal, and if you take care of your house and put all your energies into winning your husband back, I'm sure he'll come home, as he should...

(MARGARITA *very quietly gets up and begins to tiptoe out, hoping the* ATTORNEY *will not notice.*)

ATTORNEY.– (*Hardly changing position.*) On your way out, be sure to pay my secretary for the consultation.

(MARGARITA *freezes in position.*)

RAPID CURTAIN

así? (MARGARITA *hace un gesto de duda, ignorancia y disculpa a la vez. El* ABOGADO *continúa cada vez más engallado.*) Claro, claro, pero se compra un código y ya lo sabe todo. Pues no, señora, es preciso, antes de iniciar un procedimiento de disolución del matrimonio –que así se llama en términos exactos el divorcio–, proceder a tramitar un expediente de separación, y solamente después del transcurso de un año desde el momento de iniciado puede solicitarse el divorcio. Y ahora dígame, querida señora, ¿sabe que ha de probarse fehacientemente tal cosa? ¿Que debe denunciarse previamente a la presentación de la demanda de separación?

MARGARITA.– (*Derrotada.*) Ya lo sé. Ya lo he intentado. Estuve ayer por la tarde en la comisaría...

ABOGADO.– (*Frunciendo el ceño y levemente preocupado.*) ¿Y qué pasó?

MARGARITA.– (*Casi sin voz.*) No me quisieron tomar la denuncia. El comisario dijo que era una tontería, que ya regresaría mi marido y que mientras tanto aprovechara para limpiar la casa y hacerle una buena comida, que volvería muy cansado...

ABOGADO.– (*Con un suspiro de alivio. Se siente tranquilo y seguro nuevamente.*) Acertado consejo. Las penas delante de un buen estofado siempre son menos, y si usted atiende su casa con devoción y se dedica a reconquistar a su esposo, no dude que él volverá a usted, como debe...

(MARGARITA *se ha levantado y sigilosamente, en puntillas y procurando no levantar la cabeza para que el* ABOGADO *no la vea, se dirige a la salida.*)

ABOGADO.– (*Casi sin moverse.*) A la salida no se olvide de pagar a mi secretaria la visita.

(MARGARITA *se queda inmóvil en la misma postura.*)

TELÓN RÁPIDO

SCENE III

(*The closed curtains, with the image of a door painted on the surface, will open to reveal a space something like the interior of a phone booth with an intercom and receiver, grillwork speaker and call bell. The booth is transparent and the actress within is perfectly visible. Since the booth has only three sides, her voice is heard clearly. A small but very obvious receiving box stage right completes the setting. Against the closed curtain,* MARÍA, *youthful and wearing jeans and sweater, enters stage left. Her hair is curly and she wears no make-up. She approaches the simulated door and rings the bell. The curtain parts automatically as though by magic. She hesitates at first but, on seeing the intercom, enters and pushes a button.*)

VOICE.– Who is it?

MARÍA.– (*Her mouth very close to the speaker.*) This is María Sánchez. I have an appointment with the psychiatrist.

VOICE.– Just a minute.

(*Brief pause.*)

Deposit five thousand pesetas in the box.

(MARÍA *hesitates at first, but then takes some bills from her purse and places them in the box. As the lid closes, the bills are whisked up through a tube with a loud sucking sound.*)

All right. Pick up the receiver and dial three.

(MARÍA *hesitates, but obeys. She has to stand on tiptoe to reach the telephone situated very high on the wall.*)

ESCENA III

(*En escena un telón que tiene dibujada una puerta. Al lado de la puerta un auricular de teléfono, un timbre con un interfono y una rejilla como el contestador automático de las porterías. Un buzón a mano derecha visible. Nada más. A telón corrido. MARÍA, apariencia juvenil, va vestida con tejanos y suéter; lleva el pelo con permanente, sin pintar. Sale a escena por el lateral izquierdo, se dirige a la puerta del telón y llama al timbre. La puerta se abre sola. MARÍA vacila al ver la cabina pero luego descubre el timbre y el contestador y llama.*)

VOZ.– ¿Quién llama?
MARÍA.– (*Con la boca pegada a la rejilla.*) Soy María Sánchez. Tengo hora con el psiquiatra.
VOZ.– Un momento.

(*Un segundo después.*)

Deposite cinco mil pesetas en el buzón.

(*MARÍA vacila primero, pero después lentamente, saca el dinero del bolso y mete los billetes en el buzón. Éstos son aspirados como con una aspiradora y la tapa del buzón cae.*)

Está bien. Descuelgue el teléfono y marque el número tres.

(*MARÍA vacila primero, después obedece. Descuelga el auricular y luego marca el número tres. El teléfono está muy alto, tiene que ponerse de puntillas para llegar.*)

VOICE.– Yes...

MARÍA.– This is María Sánchez. I have an appointment with the psychiatrist...

VOICE.– (*His cold and absolutely even tone continues throughout the conversation.*) Yes...

(MARÍA *becomes more and more disconcerted. She looks at the receiver, wondering if there is something she has failed to understand.*)

VOICE.– (*Repeating.*) Yes...

MARÍA.– (*Gathering up her courage.*) I need an appointment. I'm feeling very depressed...

VOICE.– Why is that?

MARÍA.– (*On the verge of tears.*) The man I live with has left me.

VOICE.– Your lover or your husband?

MARÍA.– My lover; he's married to someone else.

VOICE.– This kind of irregular relationship shows that you are immature; you have failed to progress beyond the oral phase.

MARÍA.– He told me he was going to leave his wife and live with me.

VOICE.– You're looking for protection, and you've confused this man with your father. Yours is a case of arrested development; you're stuck in the oedipal phase and are trying to make love to your father through this man.

MARÍA.– (*Haltingly.*) No... I don't know... He always complained that his wife didn't understand him. I took care of him and sort of spoiled him. He said what he needed was love and that no one took care of him like I did...

VOICE.– Jocasta complex. Frustrated maternal instinct. What you really want is children.

MARÍA.– Not right now; he has several already and has to support them along with his wife. He never had any money for us. I always paid my share of the expenses...

VOICE.– Why did he leave you?

(MARÍA *is very uncomfortable. She strains to reach the speaker; her legs tire from standing on tiptoe so long.*)

VOZ.– Diga.

MARÍA.– Soy María Sánchez. Tengo hora con el psiquiatra...

VOZ.– (*Impersonal y siempre con el mismo tono, sin sorpresa ni alteración alguna.*) Bien, dígame.

(MARÍA *está cada vez más desconcertada. Mira el auricular intentando encontrarle alguna cualidad invisible.*)

VOZ.– (*Repite.*) Dígame.

MARÍA.– (*Se decide por fin.*) Necesito una entrevista. Me siento muy deprimida...

VOZ.– ¿Por qué?

MARÍA.– (*Ahora está a punto de llorar.*) Mi amante me ha abandonado.

VOZ.– ¿Su amante o su marido?

MARÍA.– Mi amante. Él está casado.

VOZ.– Esas relaciones irregulares demuestran que usted es una mujer inmadura, que no ha superado aún la fase oral.

MARÍA.– Él me dijo que se separaría y se iría a vivir conmigo.

VOZ.– Usted necesita protección. Ha identificado a ese hombre con la figura de su padre. Está usted fijada en la fase infantil. No ha superado el complejo de Edipo y busca realizar el amor hacia su padre en la persona de su amante.

MARÍA.– (*Vacila.*) No, no sé... Él siempre estaba quejándose de que su mujer no le comprendía. Yo lo cuidaba y lo mimaba, porque siempre decía que le hacía falta cariño, que nadie le atendía como yo...

VOZ.– Complejo de Yocasta. Instinto materno no satisfecho. Usted desea tener hijos.

MARÍA.– Ahora no, porque él tiene varios y tiene que mantener a su esposa y a ellos. Siempre estaba escaso de dinero. Yo tenía que pagarme mi parte de los gastos...

VOZ.– ¿Por qué le ha dejado?

(MARÍA *está muy incómoda. No llega al teléfono y tiene las piernas cansadas de estar de puntillas.*)

María.– He didn't give me any explanation... (*No longer on tip-toe, she does not reach the speaker. Lost in thought, she goes on talking without putting the receiver to her ear.*) I think he has somebody new. He broke up with me in a note, and he took back the diamond ring he'd given me. I only realized he had taken it after he left and I happened to look in my jewel box... He also took the apartment keys out of my purse, and I didn't notice that at first either... I couldn't believe it. In the note he tells me to leave the apartment just like I found it... That's the only explanation he gave me.

Voice.– I can't hear you! Speak into the microphone!

María.– (*Going up again on tiptoe to reach the speaker and shouting to be heard.*) I don't know! He just left!

Voice.– You are very controlling. You have become Medea for him. You want to be his mother; you want to devour him; keep him forever locked away inside your womb.

María.– (*Disconcerted.*) No, I...

(*Several "beeps" warn that the telephone connection is about to end.*)

Voice.– Time's up. Come back next Thursday at the same time.

(*María stares uncomprehendingly at the receiver. She hangs up and takes a step toward the door of the booth. At that moment, Magda enters. They look at each other as María makes way for her. Magda rings the bell and we hear the Voice say "Yes?" The curtain closes rapidly and María stands alone in the proscenium area. She turns slowly and exits stage left as Margarita enters, approaches the door of the booth and rings the bell.*)

RAPID CURTAIN

MARÍA.– No me ha dado ninguna explicación... (*Se baja y ya no llega al teléfono. Sigue hablando sin acercarse al auricular. Está ensimismada en sus recuerdos.*) Creo que sale con otra. Me despidió con una carta breve y se llevó el anillo de brillantes que me había regalado. Me di cuenta cuando se había ido, me lo quitó del joyero... y las llaves del apartamento que me sacó del bolso, sin que me diera cuenta tampoco... No hubiera podido creerlo nunca. Y en la carta me dice que deje el apartamento igual que lo encontré... sin más explicación.

VOZ.– (*Con un tono un poco más alto.*) ¡No la oigo! ¡Hable en el micrófono!

MARÍA.– (*Subiéndose nuevamente en puntillas y alcanzando el auricular.*) ¡No lo sé! ¡Me ha abandonado! (*Grita para hacerse oír.*)

VOZ.– Tiene usted un carácter dominante. Para él se ha convertido en otra Medea. Usted quiere ser su madre y dominarle. Tragarle de nuevo para que vuelva al útero materno.

MARÍA.– (*Desconcertada.*) No, yo...

(*Se oye la señal de terminar la comunicación en el teléfono.*)

VOZ.– Se terminó el tiempo. Vuelva el jueves que viene.

(MARÍA *mira al teléfono sin comprender nada. Lo cuelga y da un paso hacia la puerta de la cabina. En este momento llega* MAGDA. *Se miran las dos y* MARÍA *la deja pasar hacia la puerta.* MAGDA *llama al timbre y se oye la* VOZ: *¿Diga? El telón cae rápidamente y deja a* MARÍA *en el proscenio; se dirige lentamente hacia el lateral izquierdo y sale. Entra en escena* MARGARITA *que se dirige a la puerta y llama.*)

TELÓN RÁPIDO

PERSONAL E INTRANSFERIBLE

PERSONAL PROPERTY, NOT FOR SALE

Carmen Resino

CHARACTERS

MAN
WOMAN

Note: The use of a life-sized doll rather than an actress will not detract from the possibilities of expression, for marionettes or mechanical dolls offer tremendous possibilities for theatrical expression and can provide effective surrealistic connotations in harmony with the spirit of the text.

PERSONAJES

HOMBRE
ELLA

Nota: En caso de emplearse una muñeca en lugar de una actriz, esto no irá en perjuicio de la expresividad, pues las posibilidades de las marionetas o de los muñecos articulados son grandes de cara a los valores de la plástica teatral, y puede proporcionar a la obra unas connotaciones surrealistas y expresivas muy de acuerdo con el espíritu del texto.

MAN.– (*Thoughtfully*) It really could have been a stroke of good luck! Wonderful news, yes siree... For this run-of-the-mill little house and tiny garden, they offered me a fortune; it could have been the turning point,... especially for me... I've never had a dime to my name. (*Short pause.*) But what's wonderful at one point of your life becomes a disappointment at another...

(*Short pause. He gets up, glances all around again and smiles slyly.*)

Everybody congratulated me... Oh, yes... (*The* WOMAN *begins to show some interest.*) And that little cousin of yours.

(*Aparece un* HOMBRE: *aspecto desastrado, edad indefinida por el mismo descuido, aunque joven. Trae a rastras un ataúd. El ataúd puede ser sustituido por un gran paquete que él abrirá en su momento con igual ilusión que si se tratara de un regalo. Después de colocarlo en posición vertical se sienta a su lado con aire cansado. Casi inmediatamente se incorpora: mirará a un lado y otro para comprobar si alguien le observa. Da unos breves paseos por la escena y se asoma por los laterales. Una vez comprobado que no hay nadie, se acerca al ataúd-paquete: lo mira, lo acaricia y, finalmente, lo abre. Aparecerá dentro una mujer joven, maquillada con polvos blancos, ojos oscuros y labios rojos: una gama de contrastes. El cuerpo embutido en una malla, blanca también. Los focos la iluminarán dándole un aspecto un tanto irreal y fantasmagórico. El* HOMBRE *la contemplará con arrobo y se sentará a su lado.* ELLA *permanecerá totalmente inmóvil.*)

HOMBRE.– (*Pensativo.*) ¡La verdad es que podía haber sido una suerte! Una gran noticia, sí, señor... que por una casa sin importancia y un escuálido jardín me dieran dos millones, pudo haber sido un acontecimiento..., más para mí, que nunca he tenido nada... (*Breve pausa.*) Pero lo que en un tiempo de la vida es maravilloso se convierte en otro en materia de disgusto...

(*Breve pausa. Se levanta. Mira a todas partes. Sonríe con picardía.*)

Todos me dieron la enhorabuena... sí, sí... (ELLA *empieza como a interesarse.*) Y esa primita tuya (*Se dirige a*

(*He directs his remarks to the* Woman.) You know, the one who hardly knew I was alive; the one who said I was a real nobody... (*He laughs. She looks mildly surprised.*) Suddenly she found me just fascinating!... I was no longer a nobody to the young lady!... Oh, no! She even came to visit me a few times, all smiles, with those carefully painted lips, all puckered and pouty;... like this... (*He mimes the gestures as the* Woman *observes him with a certain disdain.*) and like that... She crossed her legs a little carelessly right in front of me, but she knew exactly what she was doing... Oh, yes, she had nice legs, yes indeed! (*Imitating the cousin's voice and gestures.*) "What luck to have a house, right by a highway that all of a sudden they decide to widen! When you first came here, you had no idea this property could ever be so valuable!" Ah, the all-powerful asphalt empire! That's progress for you, cousin! (*Transition; irritated now.*) But those people on City Council were so stubborn! Stubborn, the whole bunch of them! (*Again imitating voices and gestures.*) "You have no valid complaint"; "you're not going to win this one; we're not going to give you a penny more, no matter what you say"; "besides, think about all that money you have just for you." They don't understand; that's precisely the problem: that it's just for me. If only they had gotten it into their heads to widen the highway years ago, when you were here. (*She moves her head in a gesture of resignation. He touches her gently.*) But no. The offer of all that money, like so many good things, comes too late, when it means nothing to either of us. (*Imitating again.*) "Oh, come on now; the house isn't worth anything anyway, and the public good is more important than any little whim of yours..." Oh, yes; they're right; I can't deny it. I just don't want to sell, and sometimes we have to do what we have to do. (*She nods gently in affirmation.*) You and I have our reasons; it's not just stubbornness. The house is nothing special, of course; we never had any money... (*Turning toward her, intensely.*) It wasn't my fault, honest; I just wasn't a lucky guy; I was like most people... (*Pause. Dreamily.*) But it was our home... (*Both visualize it.*) Here was the kitchen with its window, and over here, our bed. And that window has needed repair for so long... We just put off

ELLA.) que nunca me dirigió la palabra y que decía que yo era un completo inútil... (*Ríe.* ELLA *pone expresión de extrañeza.*) ¡Me encontraba de pronto maravilloso...! Ya no le parecía inútil a la señorita..., ¡quia!, y hasta se empeñó en hacerme unas cuantas visitas y a sonreírme con una boquita muy bien puesta..., redondita..., así, así... (*Imita en el gesto y se vuelve a* ELLA, *que lo observa con cara de desdén.*) Y cruzaba sus piernas ante mí, despreocupada, hábilmente... ¡unas bonitas piernas, sí, señor! (*Imitando la voz de la prima y sus ademanes.*) "¡Menuda suerte tener una casita a orillas de la carretera y que de la noche a la mañana decidan ensancharla! ¡Qué poco pensasteis vosotros cuando vinisteis acá que esto ahora valdría tanto!". ¡El reino del asfalto que todo lo puede! ¡La civilización, primita! (*Transición. Con fastidio.*) ¡Testarudos los del juzgado! ¡Testarudos todos! (*Nuevamente imitando voces y ademanes.*) "Que no puede quejarse de su suerte...", "tiene que ceder: de todas formas le va a dar lo mismo...". "Además, ¡dos millones para usted solo!" Y eso es lo malo: que son para mí solo. Si se hubieran empeñado en hacer la autopista años atrás, cuando tú estabas... (ELLA *afirma resignadamente. Él la acaricia un momento.*) Pero no. Los millones, como las buenas cosas, vienen a destiempo: cuando todo nos tiene sin cuidado. (*Nuevamente imitando.*) "Pero, hombre, si la casa no vale nada; la necesidad pública es más importante que su necesidad...". No, no les falta razón, ¿a qué negarlo? Simplemente no me da la gana y a veces uno tiene que salirse con la suya. (ELLA *afirma suavemente.*) Tú y yo tenemos nuestras razones: nunca se hacen las cosas porque sí. La casa no es bonita, desde luego, que siempre estuvimos a la cuarta pregunta... (*Volviéndose a* ELLA *con ardor.*) No fue mía la culpa, te lo aseguro: falta de suerte; algo que le ocurre a la mayoría de la gente... (*Pausa. Con ensoñación.*) Pero era nuestra casa... (*Como si la estuviera viendo.* ELLA, *lo mismo.*) Aquí la cocina, con su ventana, aquí la camita de los dos y ese cristal roto que no sé cúantos años lo tuvimos así..., pienso que por desgana, que

fixing it; guess it was too much trouble to fix it... And the flowers! (*He looks off into space. When he mentions the flowers, her face
brightens.*) Oh, the flowers! When I talked to those people on the
council about the flowers, that's when everything started to fall
apart. They were all against me then! As far as the house was
concerned, well... In time, I probably would have given in. You
get tired of fighting, you know? Oh, eventually I would have
sold the house, but not the garden and the flowers! (*He shakes his
head, as does she.*) Since we didn't have children, you planted
flowers; that's another way of staying alive; we all do what we
can. (*As though seeing the flowers; she follows his gaze.*) Geraniums,
pansies, carnations... (*Reverently, she begins to scatter the mentioned
flowers.*) You never planted roses; they weren't your style. You
probably thought they were too perfect. You were the way you
were... (*She continues gently tossing flowers without paying any attention to him.*) With all your faults, and you had them. But they
fitted in so well with mine that they never bothered me. (*Pause;
he repositions her to get her attention.*) Remember? The plants were
strong; they went to sleep in the winter; it was like not having
children then, but they came back every spring. You talked
about those flowers all the time, worried about them. I was
even jealous, sometimes. (*She registers slight surprise.*) You don't
believe me? (*She gives a clearly negative response.*) Of course I
wasn't going to tell you! We so often take for granted the most
precious things in life; don't give them any thought at all, and at
other times, we seem hell bent on spoiling them... I know I
made a lot of mistakes: I should have talked to you more. And
you had your own ways that weren't all that easy to take either... (*Resolutely.*) But that's no reason for people to think that
everything is over between us; and that money can make me
forget that you're not here. They're really crazy, aren't they? (*He
laughs thinking about it.*) They were afraid to come over to talk to
me... They made some ridiculous suggestions, like how I ought
to get married again. (*Her eyebrows shoot up in displeasure. His
laughter is loud and nervous.*) Imagine! Get married! And "work
hard," they said; "you're still a young man." And all for what?
Age is something you feel. Age, life and death are about the
only things that are truly ours. (*He pauses, then speaks as though to
City Council.*) "But if you could just leave me a piece of the

es una lata recomponer... ¡Y las flores! (*Mira hacia un lugar más alejado. A* ELLA, *al hablarle de las flores se le ilumina el rostro.*) ¡Las flores! Ahí precisamente se estrellaron los del juzgado; ¡se estrellaron todos! La casa, ¡vaya!, quizá hubiera transigido que el aburrimiento ante una situación hace milagros, ¡pero el jardín con las flores! (*Niega con la cabeza.* ELLA *también.*) A ti, como no tuviste hijos, te dio por las flores: otra forma de perpetuarse. Cada uno hace lo que puede. (*Como si las viera.* ELLA *seguirá también con la vista la de él.*) Geranios, pensamientos, clavelinas... (ELLA, *con gesto hierático, empieza a arrojar manojos de estas flores.*) Nunca te dio por las rosas: no te iban; las encontrabas sin duda demasiado perfectas. Tú eras como eras... (ELLA *sigue arrojando flores sin hacerle caso.*) Con tus defectos, que los tenías, pero a mí me ibas como un traje perfecto. (*Pausa. Sujetándola para atraer su atención.*) ¿Recuerdas? ¡Agarraron bien! Dormían en los inviernos: era como si no tuviéramos hijos, pero volvían a surgir en primavera. Me hablabas de ellas continuamente, como si te preocuparan: hasta tuve celos en alguna ocasión. (*Gesto de extrañeza en* ELLA.) ¿No lo crees? (ELLA *niega rotundamente.*) ¡Claro, no iba a decírtelo! Las cosas mejores nos las guardamos en el bolsillo: esa manía de estropear los momentos, las situaciones... Reconozco que a veces no me porté bien: debí haberte hablado más. Tú eras también un poco particular, muy tuya... (*Con resolución.*) Pero eso no es motivo para que ahora esos señores piensen que todo debe estar cancelado entre tú y yo y que nuestra separación se arregla con dinero. ¿Verdad que están definitivamente locos? (*Ríe divertido al recordarlo.*) Temían acercarse por allá, hablar conmigo... Decían cosas disparatadas: incluso que debería volver a casarme. (ELLA *arquea violentamente las cejas en señal de disgusto. Risa violenta y nerviosa por parte de él.*) ¡Fíjate, casarme! ¡Y trabajar, que no soy un viejo! ¿Y qué? Uno hace con sus edades lo que le parece, que la muerte, la vida y la edad, es lo único que nos pertenece de veras. (*Pausa. Como si estuviera con ellos.*) "¡Si al menos me dejaran

garden," I said. They laughed and came back with: "what in the world have you got buried in there? Some treasure?" (*He looks at her intently.*) I told them they were right; that's exactly what I said, I swear. But they took it as some sort of joke. "Well, dig it up and put it somewhere else," they said. "That's not so easy," I told them, but they came back with: "So? Is anything easy?" I tried so hard to explain to them about the flowers,... the land,... the memories of my wife... (*Softly reverent.*) My wife...

(*Short pause.*)

I thought that might impress them, but I was wrong. They kept on laughing. "So it's a wife you're worried about, huh?" they said. "Well, you won't have any trouble finding a wife with all the dough we're going to give you; money's important to women, you know. And you're a young buck, after all... (*She looks him up and down, as though to verify the judgement.*) That's our best advice to you, really..." Did you hear that? Their best advice! Just like the other time... (*He looks all around to make sure that no one is watching or listening.*) At the cemetery... Life is so complicated; just like dying. Why wouldn't they let me bury you in the garden, close to the flowers, close to me, if they didn't even know you? After all, you were just another nameless body. But oh, no; they couldn't allow that. "The city is for the living, and the cemetery is for the dead," they said. What if I didn't belong to either group? (*Brief pause. Sadly.*) Then they took you away;... they took you far away from me... (*He begins to laugh slyly and then speaks to her as though in confidence.*) Ah, but I fooled them. There's always a way to get around these things. Life would be impossible otherwise... (*As though to himself.*) Yes, life would be impossible... (*Turning again to her as though to confide some secret.*) When everybody went home, I dug you up. It wasn't easy, you know. (*He struggles as he drags the coffin.*) It was terrible, really... (*He dabs a perspiring forehead with his handkerchief.*) They almost caught me several times... (*They both look around uneasily.*) The weight was tremendous,... and I could hardly do it. (*He seems very tired.*) But we got here. And that very night, I buried you in the garden. You were going to be with me

ustedes el jardín!", y ellos se reían cuando decía esto. "Pero, bueno, ¿qué tiene ahí enterrado? ¿Un tesoro?". (*A* ELLA *con ardor.*) Yo afirmaba. Te juro que afirmaba, pero ellos lo tomaban a broma. "¡Pues desentiérrelo y váyase con él a otra parte!". "No es tan fácil". "Pero bueno, ¿qué es?". "Flores... tierra... recuerdos de mi mujer... (*Con suave solemnidad.*) Mi mujer...".

(*Pausa.*)

Pensé que esto les haría reaccionar. Pero no. Siguieron riendo. "¡De modo que su mujer! Pues hasta mujer podría encontrar con ese dinero que vamos a darle, que lo de las perras ellas lo miran mucho. Y que usted es un pollo todavía... (ELLA *le mira de arriba abajo como para comprobarlo.*) Nosotros, ya sabe, se lo decimos con la mejor voluntad...". ¿Oíste? ¡Con la mejor voluntad! Como la otra vez... (*Mira a todos los lados. Se cerciora de que no los ven ni los oyen.*) Cuando el entierro... Vivir es complicadísimo. Morirse, casi lo mismo. ¿Qué más les hubiera dado que te enterrara en nuestro jardín, cerca de las flores, cerca de mí, si ni te conocían... si eras un difunto completamente anónimo? Pero se negaron. "La ciudad es para los vivos; el cementerio para los muertos", decían. Entonces, ¿qué iban a hacer conmigo que desde ese momento no era ya ni de unos ni de otros? (*Breve pausa. Con tristeza.*) Y te llevaron..., te alejaron de mí... (*Empieza a reír sigilosamente, poco a poco. A* ELLA *como en secreto.*) Ah, pero les engañé. Siempre se escurre algún pequeño engaño. De lo contrario, ¡reventaríamos...! (*Muy para sí.*) Reventaríamos... (*Nuevemente a* ELLA *y en secreto.*) Cuando todos se fueron te desenterré: te aseguro que no fue nada fácil. (*Arrastra el paquete-ataúd a duras penas.*) Una terrible aventura... (*Se pasa un pañuelo por la frente sudorosa.*) Estuvieron a punto de descubrirme varias veces... (*Los dos miran a todas partes con gesto temeroso.*) No podía con el peso... (*Parece muy fatigado.*) Pero llegamos: aquella misma noche te enterré en el jardín. Estarías

whether they liked it or not. (*Assuming a triumphant air.*) The idiots! You see now why I couldn't give in to them? (*Her satisfied smile is rigid and mechanical.*) And certainly not get married again, when I miss you more every day! (*Short pause.*) Besides, getting married isn't all that easy! It would be a terrible effort, and so absurd!... (*He turns to her as if she were a stranger.*) I would have to find her... (*Slowly and ceremoniously, he takes her out of the coffin.*) I'd have to get her interested in me... (*Looking at her seductively.*) Say silly things to her... (*As he whispers in her ear, she smiles a happy, feline smile and laughs without making a sound.*) We'd have to play those silly little mating games... (*He embraces her, and both make gestures of giving in and pulling away.*) I'd have to call her on the phone... (*He pretends to dial a number as she, distant and solemn, pretends to pick up the receiver*) Take her out for a stroll... (*He takes her by the arm and they gaze into each other's eyes as they walk slowly around the stage.*) Out to dance... (*He puts his arm around her waist and they begin moving to the slow rhythm of waltz music played softly in the background.*) Eventually I would understand... (*With unusual harshness.*) that she could never be like you... (*Abruptly pulling away from her.*) that she was not you. (*Spinning her around.*) Do you understand now why the whole idea was so absurd? I would be trying to kiss you in her! (*He kisses her passionately, almost violently.*) I would be loving you in her. (*He almost knocks her over in his exuberance; he then props her up slowly.*) And in the end, she would realize, too, that all I wanted was for her to be you; that I had been deceiving us both.

(*He pauses; then stands her up very carefully.*)

It's always the same! When you were alive, I used to ask myself if I loved you; if maybe all this togetherness wasn't boring. Always together: going to bed together, always the same conversation... The daily routine takes the excitement out of so much; it reduces and destroys so many things. You were right when you talked about a certain distance we'd let come between us. I thought what was happening to me was a little strange... (*He pauses briefly.*) No, no; I can't deny it. Sometimes I did look at other women. (*She observes him a*

conmigo quisieran o no. (*Pone un gesto triunfal.*) ¡Idiotas! ¿Comprendes ahora por qué no podía acceder? (*Ella sonríe satisfecha, con sonrisa rígida, estereotipada.*) ¡Pues no digamos volver a casarme! ¡Otra mujer, cuando te echo de menos más y más cada día! (*Breve pausa.*) Además, ¡eso no es tan fácil como beberse un vaso de agua! ¡Qué esfuerzo tan terrible, tan absurdo...! (*Va hacia* ELLA *como si se tratara de una desconocida.*) Buscarla... (*La saca como lenta y ceremoniosamente del paquete-ataúd.*) Intentar enamorarla... (*Se acerca a* ELLA *con gesto de seducción.*) Decirle frases ridículas... (*Le habla al oído.* ELLA *sonreirá estática, un poco felina y dejará escapar una risa sorda.*) Empezar el juego del amor... (*La abraza. Gestos propios en ambos de este primer momento, del sí y el no, del "tira y afloja".*) Llamarla por teléfono... (*Hace como que marca un número y* ELLA *distante, hierática, lo coge.*) Sacarla a pasear... (*La coge del brazo y ambos se mueven por la escena mirándose embelesados.*) A bailar... (*La enlaza y comienzan a girar lentamente siguiendo el ritmo de un lejano vals.*) Para al final comprender... (*Con inusitada dureza.*) que no podría ser como tú... (*La suelta con brusquedad.*) que no eras tú... (*Cogiéndola y zarandeándola.*) ¿Comprendes por qué sería absurdo? ¡Te besaría a ti en ella! (*La besa con fuerza, casi con violencia.*) Te amaría a ti en ella. (*Casi la tumba de un abrazo. Luego vuelve a enderezarla poco a poco.*) Y, al final, la otra se daría cuenta y yo me moriría de desesperación por haberme estado engañando.

(*Pausa. La vuelve a colocar, de pie, muy cuidadosamente.*)

¡Siempre pasa lo mismo! Cuando vivías me pregunté más de una vez si te amaba, si no era un poco aburrido todo aquello: lo de estar siempre juntos, acostarme siempre contigo, decirnos las mismas cosas... La vida diaria resta muchas impresiones: las minimiza, las dispersa; tenías tú razón cuando hablabas de algún distanciamiento voluntario. A mí, entonces, me parecía una excentricidad, y mira por dónde... (*Breve pausa.*) Sí, sí, no lo niego: a veces, se me iban los ojos tras de

little devilishly.) I guess you looked at other men, too; don't say you didn't... We fall into a rut without meaning to, because after all we're creatures of habit. It's easy for long-term relationships to go stale and get boring. (*Brief pause.*) But when all's said and done, I realized that those quiet moments we had together were the best part of our lives. Imagine: to see each other every day, to eat together, to sleep in the same bed, to know each other so well, to have our special kind of children... Yes, even people who don't have flesh-and-blood children can perpetuate themselves in other ways; I mean, books, paintings, power, even in the bad things they do... We did it with flowers. And now the government says that the highway is going to be wonderful and that I have to bury those children–and you along with them–in exchange for all that money they're going to give me. Oh, it'd be a first-class burial, all right, but a burial all the same.

(*Pause. Transition.*)

The relatives came around to see me. They all said I ought to take the deal the government offered, and they had all kinds of advice for me, your cousin among them... According to her, two years was too long to remember you... (*Imitating her again.*) "What you need is to get married again." (*The* WOMAN *reacts with annoyance.*) To me, of course... Well, she didn't actually say that last part, but it was obvious what she meant. She flirted; I swear she flirted. She came around all gussied up and perfumed... (*Miming the cousin, he kisses the* WOMAN *on both cheeks in greeting.*) Sweet as honey. And she is pretty, you know. (*He looks at her as though he is about to give in to temptation. She tries to remain distant, not enjoying his game.*) But after I told her I wasn't ever going to get married again and that I wasn't ever going to sell the house, she didn't come back... I was probably a fool to say those things, because she was hell bent on seducing me... (*Recalling the cousin, he places her arms around his neck.*) Oh, yes; why deny it? I was tempted when she got close to me, when she gave me those cousinly kisses (*He makes her kiss him.*) as uncousinly as possible... (*He shows a moment of weakness.*)

alguna. (*A* ELLA, *que le mira con cierta picardía.*) Supongo que a ti también te ocurriría lo mismo, no lo niegues... El hombre no es un animal de costumbres, por mucho que digan. Y una relación continua resulta frecuentemente monótona y fastidiosa... (*Breve pausa.*) Pero al final, esto es quizá lo más bello que queda en nuestra vida: verse a diario, comer juntos, acostarse en la misma cama, conocerse tan bien, tener hijos... Sí, aunque nosotros no los hayamos tenido como los demás, de carne y hueso, que eso no quita para que surjan hijos de otra clase: hijos-libros, hijos-arte, hijos-poder, hijos-maldad... Los nuestros fueron flores. Y ahora viene el Ayuntamiento o lo que sea, diciéndome que la autopista va a ser magnífica y que hay que enterrarlos y enterrarte por dos millones. Es un entierro bueno, costoso, pero entierro al fin y al cabo.

(*Pausa. Transición.*)

Todos nuestros parientes fueron a verme; a insistirme, a aconsejarme... Entre ellos tu prima, a la que por lo visto le parecía mucho dos años para seguir acordándome de ti... (*Imitándola de nuevo.*) "Tú lo que tendrías que hacer es casarte de nuevo". (ELLA *pone gesto de fastidio.*) Y desde luego, conmigo... Bueno, eso no lo decía pero se le veía la intención. Coqueteaba. Te aseguro que coqueteaba... Venía muy arregladita, olorosa... (*Coge a* ELLA *y la pone en el papel de la prima. Le da dos besos como saludo.*) Hecha toda mieles... Y está guapa, ¿sabes? (*La mira con cierto entusiasmo a punto de caer en la tentación.* ELLA *intenta permanecer distante, como si no le agradara participar en ese juego que le propone.*), pero desde que le dije que no me casaría nunca más y que no consentiría en la venta, no volvió a visitarme... Claro que me costó decírselo porque ella estaba muy empeñada en seducirme... (*Recuerda a la prima. Hace que* ELLA *le abrace.*) Sí, sí, ¿a qué negarlo? Alguna debilidad tuve cuando la noté muy cerca de mí, cuando ponía en su beso de pariente (*Hace que* ELLA *le bese.*) toda la antisanguinidad posible... (*Momento de debilidad.*)

But no. (*He rejects her.*) I couldn't; she couldn't make me do it, and neither could the others. I just kept saying no. It was my way of getting back at them for forgetting you. And it was my decision. It was my way of staying independent. If a man can't have some control over his life, what is he anyway? (*Furiously.*) So I just kept saying, "No! No! No! A thousand times no!" (*A pause. The action seems to come to a halt. He smiles sadly.*) But I lost; I lost again. It was a battle I couldn't win. Like all the others in my life. (*Pause. He walks around looking despondent. Dejected, he sits down.*) I knew from the start they'd end up throwing me out... I watched the progress on the highway in the distance and I knew that sooner or later they would get here. All those bulldozers and hard hats; they were like armed soldiers lined up against me in the biggest battle of my life. So when they told me to get out, I didn't even change expression. It was one of those perfect moments. (*He stands up, looking satisfied and proud.*) It was one of those moments for posterity, even though maybe no one else noticed. I began to get my things together quite deliberately;... no tragic gestures. I always say that style is everything. (*Pause.*) You know? They deposited some money in my bank account. "Compensation," they called it!... How stupid! As if money could ever compensate for certain things! I don't even know how much they gave me,... and it doesn't matter anyway... I don't plan to touch a penny of it... (*Smiling devilishly at her.*) But don't worry. I'm not going to starve,... (*Going close to her.*) because you are going to help me... (*He begins to laugh.*) It makes me laugh when I think of all those people... Yes, I laugh, because they'll keep saying that I'm some kind of a nut. But what they don't know is that I have found the solution... (*She looks at him quizzically.*) Don't be surprised; I've got the solution. (*He touches her very gently.*) You're going to give me the strength to carry it out; you were always the strong one. (*He runs his hands gently over her shoulders, her arms, her hips in a caress that communicates considerable anxiety.*) You were the brave one... (*Confidentially.*) It's the perfect solution... In a way, you're going to bring me back to life, you know? Since you've been gone, I've wondered if I wasn't really the dead one, not you. (*He looks her up and down very carefully and very tenderly, love showing in his eyes.*) Do you understand now? (*He holds her*

Pero no. (*La rechaza.*) No pude. Ni ella ni los otros podían coaccionarme. Y me negué: era mi venganza por sus olvidos para contigo. También mi determinación. Y mi forma de ser libre. Si un hombre no puede decidir, tú me dirás qué es. (*Con furia.*) ¡Y me negué, me negué, me negué! (*Pausa. Corte en la acción. Sonríe con tristeza.*) Y perdí. Otra vez. Era un reto inútil. Como todos los de mi vida. (*Pausa. Pasea con gesto desesperanzado por la escena. Se sienta abatido.*) Supe de antemano cuándo iban a echarme... Día a día espiaba las obras lejanas sabiendo que acabarían por llegar. Las máquinas, los obreros, eran como piezas de combate de mi gran batalla individual. Por eso, cuando me anunciaron que tenía que irme, no me inmuté: fue un momento perfecto. (*Se pone en pie con satisfacción, con orgullo.*) De los que pasan a la posteridad aunque nadie los vea. Empecé a recoger mis cuatro cosas despacio..., sin tragedias. Siempre he dicho que el gesto es importante. (*Pausa.*) ¿Sabes? Me dejaron una cantidad en el banco, una indemnización... ¡Qué estupidez! ¡Como si algunas cosas se pudieran indemnizar! No sé cuánto es... No me importa... No pienso tocarlo... (*Mirándola y riendo con picardía.*) Pero no te preocupes: no me moriré de hambre... (*Acercándose a* ELLA.) Tú me ayudarás... (*Ríe.*) Me río al acordarme de todos... Sí, sí, me río, porque seguramente no dejarán de repetir que estoy loco y yo, sin embargo, he encontrado la fórmula... (ELLA *le mira con interés, inquisitiva.*) Sí, no te extrañes: la fórmula. (*La coge muy suavemente.*) Me darás fuerzas, siempre fuiste más valerosa que yo. (*La recorre con las manos los hombros, los brazos, las caderas en una caricia en la que se mezclan todas las ansias.*) Con mayor entereza... (*Como en secreto.*) Es una fórmula perfecta...; también me revivirás, que a veces me pregunto si soy yo el que está muerto desde que no estás. (*La mira de arriba a abajo, valorándola, con gran ternura.*) ¿Te das cuenta? (*La abraza con desesperación.*) No iba a

tightly, desperately.) I could never leave you... (*The two sink slowly to a kneeling position. He then sits down and cradles her in his arms, as though to rock her to sleep.*) None of them will ever suspect that I have you here with me; that I carried you in here just like I brought you here the other time... And now I have the solution for us to be together forever; we will be both a little dead and somehow immortal. (*He caresses her hair tenderly and laughs. All this time, she has been completely motionless.*) Do you understand now? I tricked them! They wanted to bury you twice, but I won't let them! I tricked them! I tricked them! (*He kisses her laughing and crying as he repeats: "I tricked them." She remains completely motionless.*) There's always some little way out of these things,... because if there wasn't, life would be unbearable,... unbearable... (*Laughter blends with tears as he begins, slowly and gently, to consume his wife. Acting skill and theatrical devices blend to produce the appropriate image of intensity, pathos and poetic beauty.*)

CURTAIN

dejarte... (*Empiezan los dos a descender, a arrodillarse hasta que él se sienta y la sostiene entre sus brazos como si fuera a dormirla.*) Ninguno de ellos puede suponer que te tengo aquí, conmigo, que te he traído a cuestas, como la otra vez..., que he encontrado la fórmula de marchar siempre juntos, de ser los dos un poco muertos e inmortales. (*Le acaricia el pelo. Ríe.* ELLA *presentará en todo este tiempo una completa inmovilidad.*) ¿Te das cuenta? ¡Les engañé! ¡Han querido enterrarte dos veces y no pueden! ¡Les engañé, les engañé! (*La besa riendo y llorando mientras repite "¡Les engañé!".* ELLA *continuará en la inmovilidad más total.*) Siempre se escurre algún pequeño engaño... Si no, reventaríamos..., reventaríamos... (*Continuará con su risa y su lloro entremezclados y hará como que empieza a comerse a la mujer muy lenta y dulcemente. Algún truco escénico adecuado ofrecerá una plástica feroz y poética.*)

TELÓN

SORPRESA

SURPRISE

María-José Ragué-Arias

CHARACTER

GLORIA

PERSONAJE

GLORIA

(*In her dressing room backstage,* GLORIA *sits before the mirror in a slip, conversing with her reflected image as she applies make-up. On the dressing table are various items* GLORIA *will use: make-up, a hairbrush, flowers, a few books and a telephone. A clothes rack stands nearby with the necessary wardrobe items.* GLORIA *gets up and recites the following excerpt from a play. Her performance is in the exaggerated, melodramatic style of the bedroom farce.*)

GLORIA.– "Oh! But what are you doing in my home, sir? You say your car stalled and you need to use the telephone? Well! Couldn't you ring the doorbell rather than just barge in?... Oh, I see; ever since you saw me in the garden... Oh, you don't say!... How presumptuous of you!... Excuse me, but you don't even know my name. You should also be aware that I'm a married woman and that my husband is a very, very jealous man. Oh, really?... Well, all right; go ahead and use the telephone; then we'll talk... Oh!... No, no! Oh, dear! That's my husband now!... Oh! No, no, no! Good heavens my husband is coming!... Leave by the kitchen door... Not that way!... That door leads to the garage... Oh, my goodness, he's here. He's coming in... Oh! Hide over there! Quick! And don't make any noise!... Oh, dear!... Well, hello, darling! What a nice surprise! You're home early..."

(*She collapses into the chair and faces the audience.*)

That does it. I've got to have a serious talk with Alfredo today and let him know that I'm doing this show only because I

(GLORIA *está sentada ante el espejo del tocador, en combina-*
ción; mientras habla se maquilla. En el escenario habrá un
colgador o un armario con la ropa que utilizará la actriz, una
mesa tocador con un espejo, con una silla cómoda ante el
mismo que la actriz moverá de vez en cuando a otros lugares
del escenario. Sobre el tocador hay unas flores, unos libros y
un teléfono. También hay algunos utensilios para maquillarse
y peinarse. Se levanta e interpreta el siguiente fragmento. Es
una interpretación vodevilesca y ridiculizada.)

GLORIA.– "¡Huy! Pero, ¿qué hace usted aquí, en mi casa?
¿Que se ha averiado su coche y necesita telefonear? Pero
bueno, podía haber llamado al timbre en lugar de entrar
como Pedro por su casa... Ya, que cuando me ha visto en
el jardín... ¡Oiga, no me diga...! Menudo descaro... Perdone, ni siquiera sabe cómo me llamo. Estoy casada y
mi marido es muy, pero que muy celoso. ¿De verdad...?
Bueno, bueno, llame por teléfono y luego hablaremos...
¡Ay...! No, no, no, por Dios, ¡qué llega mi marido...!
¡Ay...! No, no, no, por Dios. ¡Qué llega mi marido...! ¡Ay!
Márchese por la cocina... no... que por ahí está el garaje...
ay, ay, que está aquí, que entra... mire escóndase ahí, rápido, no haga ruido... ¡Ay, Dios mío...! ¡Hola cariño, qué
sorpresa más agradable verte en casa a estas horas...!".

(*Se desploma en la silla, cara al público.*)

De hoy no pasa. Hoy hablo en serio con Alfredo y se lo
digo. Esta función la tengo que hacer porque me he

signed a contract. But after the run in Madrid, I'm out; someone else can take my place on tour. If Alfredo really values my work the way he says, he'll put me in a play worthy of my talent. He should give me real acting roles, not cast me as some floozie. All I ever get to do is this kind of fluff! My only consolation is knowing that if I were ugly, I wouldn't get these vaudeville-bimbo parts. I've got to tell him how I feel before we see that Argentinean director this afternoon. I don't want our next production to be another one of those "crowd pleasers," as they politely call these theatrical horrors. (*She looks at her watch.*) Why doesn't Alfredo get here? If he's going to be late, couldn't he at least call? I guess it's because I'm not ready yet, and he knows it. I'll give him a piece of my mind when he gets here. And then, after that, we really have to talk... I'm tired of playing unfaithful wives or hookers.

(*She stands up and studies herself in the mirror.*)

On the other hand, I'm gorgeous and have this fantastic body... Heck! Nobody would ever take me for forty. Even without make-up, and if I wear my hair down, I can easily pass for thirty;... maybe even younger. (*She tosses her hair and continues to examine herself in the mirror as she adopts exaggerated poses. Then she pulls her hair back, collects it into a bun and puts on glasses.*) It's just that I have that versatile look! I can do any role that calls for a woman between twenty-nine and fifty-something. (*She combs her hair, leaving it pulled back from her face but allowing it to fall down her back.*) I'll put on just a little eyeliner; a dash of shadow, then lots of mascara. I'll be beautiful but not sexy. I think it's better not to look younger than I really am. I want to impress this director from Argentina who is so "in" these days... And let's hope he realizes I deserve an important vehicle, not one of those silly things that I've been doing since Alfredo and I got together. (*She sits down and begins to apply make-up.*) Of course, if it hadn't been for my looks, I wouldn't have met him at all. Also, he's the one who has helped me most in this damned business... But we've helped each other; I know what

comprometido ya. Pero después de la temporada en Madrid no voy a seguir. En los bolos de provincias, que me sustituya otra. Si tanto me valora, que me monte una función digna, que me dé papeles de actriz y no estos personajes de putilla. ¡Menudos bodrios me toca hacer siempre! Por lo menos, si fuera fea, no me daría papeles de bobalicona de vodevil. Tengo que decírselo antes de que hablemos con el director argentino que vamos a ver esta tarde, para que no elijan para el próximo espectáculo otra comedia de bulevar como les gusta llamar a todos estos engendros teatrales. (*Mira el reloj.*) Y, ¿por qué no viene Alfredo a recogerme? Si se retrasa, podría llamar, ¿no? Porque, claro, que no estoy arreglada todavía, eso él no lo sabe. Menuda bronca le voy a pegar. Y luego, cuando venga a recogerme... Voy a hablar con él. No estoy dispuesta a aguantar más papeles de putilla, de picarona, de esposa adúltera...

(*Se pone de pie ante el espejo.*)

Sí, claro, como soy guapa y vistosa y tengo este cuerpecito... ¡Jo! Nadie me echaría los cuarenta que acabo de cumplir. Y con la cara lavada y la melena suelta, puedo pasar por una mujer de treinta..., incluso de menos. (*Se suelta el pelo, se mira al espejo... hace poses... Luego se recoge el pelo en un moño bajo, se pone gafas...*) ¡Si tengo el físico ideal! Doy bien para todos los papeles, de los veintinueve a los cincuenta y pico. (*Ahora se peina con el pelo un poco recogido pero dejando –por lo menos por atrás– la melena suelta.*) Me pintaré muy poquito los ojos, un pelín de sombra y bastante rímel. Guapa, pero nada *sexy*. Y casi mejor que no aparente menos años de los que tengo. A ver si le parezco bien a este director argentino que está tan de moda... Y esperemos que se dé cuenta de que me merezco una función importante y no esos papelones que vengo haciendo desde que conocí a Alfredo. (*Se sienta, empieza a maquillarse.*) Claro que, si no fuera guapa, no la habría conocido. Y él es quien más me ha ayudado en esta maldita profesión..., una

audiences expect, after all. But must I simply accept the image of me that he wants to project?... After all, audiences
come to see me;... me in all those sexy, funny roles I play in
shows that Alfredo produces,... all big commercial hits, of
course! But don't I deserve something else at my age after
working hard for so long? (*She looks at her watch again.*)
What's keeping Alfredo? Can't I ever get him to be on
time?... Since we settled into a routine together, he's gotten
even worse... (*She sighs.*) Now that everybody knows we're a
copuple... And of course I do love him; or at least I've gotten used to him; used to having him around; gotten used to
his peculiar little habits; used to not being alone as I was before, when I was going from lover to lover... Yes, then I did
act in serious plays, but always in minor roles in second-rate
productions... Now,... well, I guess I shouldn't complain... I
have companionship, I have work and I'm earning good
money... But no! I can't keep doing this! I'm a real actress.
I'm talented, and I need to do stimulating parts. I need to
show people and myself that I'm good. That's why I chose
this profession. So it's decided. I'm not giving in. After this
performance, I simply have to convince Alfredo to put on
something dignified. Let's see. What would I like to do? A
classic; that's it, a real classic. *Hamlet* or *Life is a Dream*, perhaps; both have important monologues that everybody
knows and admires.... But wait a minute. Have I lost my
mind? Hamlet? Am I going to come out disguised as a man?
No; I can't play a man, to begin with!... Let's see, let's see.
Among the classics, there really aren't any great roles for
women... Oh, yes; I know there are a few, and I've always
wanted to play Lady Macbeth. I wonder if I still remember
that scene...

(*She stands up and begins to recite.*)

"Out damned spot. Out, I say. One. Two. Why, then, 'tis
time to do it. Hell is murky. Fie, my lord, fie; a soldier and
afraid? What need we fear who knows it, when none can
call our power to account? Yet who would have thought the
old man to have had so much blood in him!"

ayuda mutua, por otra parte, que bien sé yo que el público..., ¿tendré que resignarme a la imagen que se ha hecho de mí...?, el público viene a verme a mí..., a mí en esos personajes de mujer *sexy* y divertida, en esos espectáculos que Alfredo produce... ¡éxitos comerciales! ¿No merezco ya otra cosa a mi edad y después de haber trabajado tanto? (*Vuelve a mirar el reloj.*) Pero..., ¿por qué no ha llegado todavía Alfredo? ¿Es que nunca conseguiré que sea puntual en sus citas conmigo...? Desde que nos hemos convertido en una pareja estable todavía es peor... (*Suspira.*) Como ahora me quiere oficialmente... Sí, claro, yo también le quiero. Me he acostumbrado a él, a su compañía, a sus manías, a no estar tan sola como antes, cuando andaba saltando de un amante a otro... Sí, claro, entonces actuaba en obras serias pero en papelitos de segunda o de cuarta categoría... y en pésimos montajes... Ahora... no debería quejarme... tengo una pareja, tengo trabajo, gano dinero... Pues no, ¡no lo aguanto! Soy una actriz, tengo talento, quiero hacer papeles que me interesen. Y demostrar y demostrarme lo que valgo. Por eso elegí esta profesión. No, no voy a conformarme. Después de esta función tengo que convencer a Alfredo para que monte algo importante. Vamos a ver, ¿qué me gustaría hacer? Sí, un clásico, un gran clásico. *Hamlet*, *La vida es sueño*... esas obras con monólogos importantes que todo el mundo conoce y admira... ¿Seré idiota? ¿Hamlet? ¿Segismundo? ¿La mujer vestida de varón? ¡No voy a hacer un papel de hombre para empezar...! A ver, vamos a ver... si es que los clásicos no tienen personajes femeninos... Ya sé, sí, sí, los hay, ése siempre me ha gustado: Lady Macbeth. A ver si me acuerdo...

(*Se pone a interpretar. Se levanta.*)

"La mancha, la sangre, mis manos manchadas de sangre. Desaparece, vete te digo... una... dos, ha llegado el momento de la acción... ¡El infierno es oscuro...! Miedo... miedo a la verdad... ¿Puede tener miedo un soldado? ¿Tener miedo de la verdad? ¡Nadie puede pedirle cuentas al poder...! ¡Pero quién podía pensar que hubiera tanta, tanta sangre en el cuerpo del viejo...!".

(*She paces nervously.*)

Power, murder, blood on hands and conscience. Now there's a meaty role... But, what I need to do right now is show the public that I'm a great actress whose talents have been wasted on all those frivolous little roles. In that case, what could be better than a Greek tragedy? Perhaps I should play Medea,... a monster capable of killing her own children. There's a play about the loss of love, the myth of the mother... But, no; Medea's a character nobody understands... Who can identify with a murdering mother?

(*Performing.*)

"Oh, children of mine, hear the one who gave you life: now that your father will wed another, rather than see you slaves to a stepmother, or subject you to death in the exile, the fate that awaits me, I, with the same love with which I gave you life, shall, with my own hands, deliver you gently unto death."

Ha! If I tell Alfredo that I want to play a tragic figure like Medea, he'll probably say he's cast me as a cutsy reformed hooker; either that or he'll come up with a Phaedra turned religious freak. He likes shows that have to do with lust; sex, with a little violence thrown in, you know. But that's what they all like. (*She sits down.*) When all's said and done, Alfredo is good to me and seems to love me, and he's no different from other men. Oh, well. I've got to finish dressing. If I'm not ready when he gets here, he blows up.

(*She puts on a tight skirt and high heels, dressing slowly, ceremoniously and in silence. She looks at herself in the mirror. Then she kicks off her shoes and takes off the skirt. As she does so, she begins to speak.*)

No. I refuse to see that Argentinean director dressed like a calendar pin-up. Either he gives me a serious, important

(*Se pasea nerviosamente por el escenario.*)

El poder, el asesinato, la sangre manchando mis manos y mi conciencia, ése sí es un papel con fuerza... claro que para una mujer, para demostrar al público que soy una gran actriz desperdiciada hasta ahora en papeles de poca envergadura o de excesiva frivolidad, lo mejor sería un personaje de tragedia griega: Medea... el monstruo capaz de matar a sus hijos, la alienación del amor, el mito de la madre... No, no, éste es un personaje que nadie entiende... ¿Quién va a admirar a una madre asesina?

(*Interpretando.*)

"¡Hijos míos, yo que os di la vida, ahora que vuestro padre va a casarse con otra, antes que veros esclavos de una madrastra, antes de someteros a la muerte en el exilio que a mí me espera, con el mismo amor de madre con que os di la vida, con mis propias manos, voy a entregaros dulcemente a la muerte!".

¡Ja! Seguro que si le digo a Alfredo que quiero hacer un personaje trágico me propone o la Filomena Marturano –la prostituta redimida– o se le ocurre que haga una Fedra convertida en una especie de mantis religiosa. Eso, lujuria, mucha lujuria. Violencia y sexo. Eso les gusta a todos. (*Se sienta.*) Y al fin y al cabo, Alfredo es bueno conmigo y parece quererme, pero tampoco él es tan distinto. Huy, voy a terminar de arreglarme. Si llega y no estoy lista, entonces sí que va a haber bronca.

(*Se viste. Se pone una falda estrecha y unos zapatos de tacón. Se viste despacio, ceremoniosamente, en silencio. Se mira al espejo. Tira los zapatos y se quita la falda. Mientras lo hace empieza a hablar.*)

No. No estoy dispuesta a ir a ver a ese director argentino vestida de chica de calendario. O me da un papel

part, or I won't sign. I'm not going to starve, no matter what he decides. Do I want a change or not? Do I want to create my own style, choose the parts I play? Do I want to accept my own challenge or not?

(*She puts on black trousers, classic and elegant, and some flat-heeled shoes.*)

Yes, that's much better. And a lot more comfortable. And if Alfredo gets upset because I'm not projecting the image he wants? That's his business. If my love for him doesn't interfere with his professional activity,... why should his love for me interfere with mine? Yes, I like this look better. I might even cut my hair...

(*The telephone rings.*)

Well, finally. I've been waiting half an hour. You're not going to tell me to get a cab and meet you somewhere, are you? Hurry up or you'll miss the interview between the Argentinean director and the star... And really, we need to have a serious talk... No, nothing's wrong... Yes, it's important; I'll tell you all about it on the way... What?... We're not going to meet that director?... You're taking the new girl?... Have you lost your mind?... Oh, she's perfect for the role of the sexy young thing?... Listen... Sounds like you've already picked the play for next season... (*Indignant.*) I see, and all this has happened so fast that you didn't even have time to pick up the phone to tell me... I can just imagine it; of course my role is wonderful! It's something you selected especially for the show your friend from Argentina will direct... Well, what did you think? That I was going to accept whatever you decided?... No, you listen to me. I'm going to make all my contract decisions from now on... Jealous? What's that got to do with anything?... I'm talking about roles and productions... I'm talking about my career... Well, I'm not sure, but look... On the telephone I can't... We'll discuss it later... Well, if you're going to be so late, we'll talk about it tomorrow,

importante y serio o que no me dé nada. Tampoco voy a morirme de hambre. ¿Quiero o no quiero cambiar? ¿Quiero o no quiero imponer un estilo, unos personajes? ¿Quiero o no quiero aceptar mi propio reto?

(*Se pone unos pantalones negros, sobrios pero elegantes, y unos zapatos de tacón ancho, casi planos.*)

Sí. Mucho mejor. Y más cómoda. ¿Y si se enfada Alfredo porque no doy la imagen que él espera? Allá él. Si mi cariño no condiciona su profesión..., ¿por qué el suyo habría de condicionarme la mía? Sí, esta imagen me gusta más. Incluso podría cortarme el pelo...

(*Suena el teléfono.*)

Hombre, por fin. Llevo media hora esperándote. ¡No pretenderás ahora que coja un taxi para reunirme contigo! Pero date prisa o te pierdes el fichaje del argentino y el de la primera actriz... que, por cierto, tiene que hablar seriamente contigo... No, no me ocurre nada... Sí, sí que es importante, pero te lo contaré por el camino... ¿Qué dices...? ¿Que no vamos a hablar con ese director...? ¿Que vas con esa chica nueva...? Pero, ¿te has vuelto loco o qué te pasa...? Ah, que el papel de chica joven y *sexy* le va muy bien a ella... Oye... O sea, que ya has elegido la obra para tu próximo espectáculo... (*Se indigna.*) Ya, y ha sido todo tan de repente que no te ha dado tiempo ni de llamarme... ¡Me imagino, por supuesto, que mi papel es precioso! El papel que tú ya has elegido para mí en la función que dirigirá tu amigo argentino. Bueno, pero..., ¿qué te has creído, que voy a aguantar lo que me eches, que puedes hacer lo que te dé la gana...? Oye, mira..., mis papeles, de ahora en adelante, los elijo yo... ¿Celosa? Pero, ¿qué tendrá que ver...? Te estoy hablando de un papel y de un montaje... Te hablo de mi profesión... Bueno, no sé de qué te estoy hablando, pero... Mira, por teléfono, no... oye, luego hablamos... ¡Pues si llegas

or next week... Or maybe we won't talk about it ever!... All right; that's enough. Good-bye.

(*She hangs up angrily and paces nervously, talking to herself.*)

I'm tired of having you pick my roles based on your tried-and-true commercial savvy. I've had it with your control of my career and my life... Yes, yes; now you're in a hurry. When it's my problem, we'll talk about it later. Well, you know what I say? Go wherever you want with whomever you want, and produce whatever strikes your fancy. But don't count on me; don't expect me to come along and clean up the mess after you've blown it... Go ahead; find actresses who can fill theaters... Or consult me about my roles... And don't expect me to be patient forever. What's today's date? The seventh of March. Well, today marks the birth of my professional independence. From now on, I take full responsibility for choosing the roles I play.

(*She begins to cry and then speaks angrily.*)

And he was going to make me happy in bed, at home and in the theater... What a laugh!...

(*She sits down, crushed, her gaze lost in space as she continues crying, but more calmly now.*)

The worst part of it all is that I love him; that I've gotten used to him and all his little whims and weaknesses... I'm used to his company;... to his just being there;... I'm used to taking care of him, encouraging him, helping him... (*Indignant again.*) But why am I taking it for granted that I have to break up with Alfredo if I'm going to pick my own roles?... Because I know our partnership—or our liaison, or whatever—is over if I work with other producers... That's the way men are, of course... Well, to hell with it, I say. Enough already. Medea? Lady Macbeth? Hamlet?... No, I won't lose my mind. But I'm too mature, too sophisticated to put up with all these childish, selfish "me Tarzan, you Jane" games. When I have decided what I want to do with my career, I will decide what to do about my life... My life with Alfredo,

tarde, hablamos mañana, o dentro de una semana... o nunca...! Vale, basta. Adiós.

(*Cuelga con ira el teléfono. Se pasea nerviosamente por el escenario hablando para sí misma.*)

Me he cansado de que me elijas los papeles tú con tus famosos criterios comerciales, que me los elijas en mi profesión y también en mi vida... Sí, sí, ahora tienes prisa. Para mis problemas hay siempre tiempo. Pues, ¿sabes lo que te digo? Vete donde quieras y con quien quieras. Y produce el espectáculo que te dé la gana. Pero no cuentes conmigo ni esperes que te saque luego las castañas del fuego... Búscate las actrices que te llenen los teatros... O consúltame lo que yo quiero interpretar... Y no esperes siempre que tenga paciencia. ¿Qué día es hoy? Siete de marzo. Pues hoy empieza el primer año de mi vida en que yo y sólo yo elijo mis papeles.

(*Se pone a llorar y luego dice con rabia.*)

Me iba a hacer feliz en la cama, en la casa y en el escenario... ¡Ja...!

(*Se sienta, abatida, con la mirada perdida en el vacío y sigue llorando pero ahora con más sosiego.*)

Lo peor es que le quiero, que me he acostumbrado a él, a sus manías, a sus debilidades... La compañía..., su compañía..., cuidarle, animarle, ayudarle... (*Nuevamente indignada.*) Pero, ¿por qué doy por hecho que tengo que romper con Alfredo si quiero elegir mis papeles...? Pues porque nunca permitiría que fuera su pareja y que trabajara con otros productores, claro... Si así son todos... Claro que sí. Pues a la porra. Basta ya. ¿Medea? ¿Lady Macbeth? ¿Hamlet...? No, no voy a volverme loca. Pero no tengo edad para aguantar más paternalismos infantiles y egoístas. Cuando haya decidido qué quiero hacer con mi profesión, me plantearé

I mean. (*She pauses a moment to reflect.*) But this time, I mean it. My artistic freedom is the most important thing. I love Alfredo, but I'm not going to give up my professional independence, even if it means losing him. (*She pours herself a little whisky.*) If he just understood... If only he could understand,... it would be wonderful... Actually, it would be a miracle. But one way or another, I'm going to give it a try. I don't know if I'll find those parts that I want to do or if I'll end up doing what I've done all along: accepting what they offer me. But I want to try. If possible, I'll do it with Alfredo; but if not, I'll do it without him. In case things don't go my way, I'd better learn to be alone. And speaking of being alone... (*She picks up a book.*) This is really interesting.

(*She reads with a touch of sadness.*)

"Beautiful flowers. They just brought them in for me. People are burying me under all these flowers; flowers and more flowers! (*She sighs.*) I'm going to tell you a story with a moral lesson. (*She looks at the flowers and smiles. She gets up and goes toward the flowers on the dressing table.*) I can't take my eyes off them; they hypnotize me. What beautiful flowers. (*She sees something in the air.*) A fly. How strange! In this place!... (*She mimes the opening of a window.*) Spread your wings, little creature, and fly away. The world is large out there. (*Dryly.*) No, that's not so. Actually, it's small; I feel it closing in on me, tight and oppressive like a straight jacket... Why won't that fly escape? What does it want?... I hate flies, and certainly I don't want them in my show! The world is so large!"

(*She puts the book down.*)

Yes, this is a lovely parable from a play by an Argentinean writer, and it has a wonderful part for a woman, an actress who is planning a show that deals with the various roles women play in real life. She tells us about "flies," the parasites in our society that keep us from being free. She talks about freedom. I'd love to play this role. I'm not familiar with the author, though. Her name is Griselda Gambaro, and she must be famous, because she has a lot of plays performed...

qué puedo hacer con mi vida... con mi vida con Alfredo, claro. (*Se para, reflexiona.*) Sí, esta vez tiene que ser en serio. Mi libertad artística es lo primero. Quiero a Alfredo, pero no voy a renunciar a mi libertad profesional aunque ello suponga renunciar a él. (*Se sirve un vaso de whisky.*) Si él lo entendiera... Si pudiera entenderlo... Sería maravilloso... Bueno, sería un milagro. Pero de un modo o de otro, voy a intentarlo. No sé si encontraré esos papeles que quisiera hacer o si acabaré como hasta ahora teniendo que aceptar lo que me ofrezcan. Pero quiero probarlo. Si es posible, con Alfredo; si no lo es, sin él. Por si las moscas, más me valdrá aprender a estar sola. Y hablando de moscas... (*Coge un libro.*) Esto sí es bonito.

(*Lee con cierta melancolía.*)

"Hermosas flores. Me las regalaron ahora. Virtualmente me sepultan bajo las flores... ¡flores y flores! (*Suspira.*) Les voy a contar una parábola. (*Mira las flores. Sonríe. Se levanta y va hacia las flores que tiene sobre el tocador.*) No puedo desprender la vista, me hipnotizan. Hermosas flores. (*Ve algo por el aire.*) Una mosca. ¡Qué raro! ¡En este lugar...! (*Simula abrir una ventana.*) Vuela criatura, vuela. El mundo es grande. (*Seca.*) No, es pequeño. Yo lo siento chico, apretado como una camisa de fuerza... ¿Por qué no se irá? ¿Qué es lo que quiere...? ¡No soporto las moscas! ¡Y menos en mi espectáculo! ¡El mundo es tan grande!".

(*Deja el libro.*)

Sí, ésta es una bonita parábola, una obra de una autora argentina, es un personaje femenino, una actriz que se plantea la función del teatro, que nos plantea nuestro papel en la vida como mujeres. Nos habla de "las moscas", de los parásitos de nuestra sociedad que nos impiden ser libres. Me habla a mí de libertad. Un papel así sí que me gustaría interpretar. No conozco a la autora. Se llama Griselda Gambaro, debe ser famosa porque

But who's going to be interested in producing one like this? (*Bitterly.*) It's interesting; she talks about things that concern me, but there's no music, no dancing, no sex, no off-color jokes, no big spectacle or any of the stuff that fills theaters. How strange!... People like the oddest things!... I don't know what's wrong with theatergoers... Or is something wrong with me?... What is it about Alfredo that makes me love him and put up with all the things he does? We have so many flies in our lives that keep us from living fully. They're the parasites, the Alfredos... They're the flies on theater. That's it! That's what I ought to do: get rid of the flies on my own theater.

(*Pacing nervously and lighting a cigarette.*)

Am I strong enough to leave him? Could I live alone? Can I stop replacing one man with another, who is probably even worse?... Am I really ready to handle my own shows? Am I capable of getting a producer, a director, a cast on my own? Can I find a producer who will take me seriously as an actress?... Ha! That's a laugh... Maybe when I'm sixty... Dear Alfredo, the woman in your life and the star must both be going a little crazy... But I really think I'll have to produce my own shows... "The Gloria Rivelles Company" has a nice ring, don't you think? Can I do it? Why not?... But do I really have to break up with him?... I'd like... Oh, I'm not sure... But I've made one important decision today and that's enough: that I'll choose my own roles from now on. Later on, I'll worry about Alfredo. Tomorrow I'll start looking for a new production... But, for what show?... What do I want to do? Who do I want to play? I know I want my character to be a strong, independent, wise, sensitive woman... Where can I find such a part? Tomorrow I can't do anything about a production. The first order of business is to find a play; I'll do a lot of reading... If I have to,... If I don't find anything I like,... I'll commission a new play,... or maybe have an old one adapted... I need something I like,

tiene muchas obras..., pero ¿a quién le va a interesar
producir una obra así? (*Con amargura.*) Es interesante,
habla de temas que me conciernen pero no tiene ni
canciones, ni sexo, ni bailes, ni picardías, ni gran espectáculo, ni nada de lo que suele hacer que los teatros se llenen. ¡Qué extraño es todo...! Gustan unas cosas tan raras... Yo no sé qué tiene el público de
Madrid..., o qué tengo yo... ¿Y qué tiene Alfredo para
mí, para que le quiera tanto, para que se lo aguante
todo? Son tantas las moscas en nuestra vida, las moscas que no nos dejan vivir. Los parásitos, los Alfredos... Las moscas del espectáculo. Eso, eso es lo que
debo hacer, sacar a todas las moscas de mi teatro.

(*Se pone a pasear nerviosamente. Enciende un cigarrillo.*)

¿Sería capaz de dejarle? ¿Sería capaz de vivir sola? ¿De
no andar ligando por ahí para sustituir su compañía
por otra..., seguramente peor...? ¿Sería capaz de elegir
yo los espectáculos que quiero hacer? ¿De buscar yo
sola la producción, la dirección, todo el equipo? ¿De
encontrar un productor que me tome en serio como actriz...? Ja, ja, ja, ja,... quizá a los sesenta años... Alfredo,
caro Alfredo, tu mujer y tu actriz se están volviendo locas... Me parece que voy a tener que montar mi propia
compañía... La compañía Gloria Rivelles... suena bien
¿verdad? ¿Sería capaz? Y, ¿por qué no...? Pero, ¿de verdad es necesario romper con él...? Quisiera... no sé...
Bueno, la decisión de hoy ya es suficientemente importante: seré yo quien elija mis papeles. Ya veremos luego
qué pasa con Alfredo. Mañana voy a empezar a hacer
gestiones para buscar la producción del espectáculo...
¿De qué espectáculo...? ¿Qué quiero hacer? ¿Y a quién
quiero interpretar? Una mujer fuerte, independiente,
sabia, tierna... ¿En qué obra puedo encontrar un personaje así? No, mañana no puedo hacer ninguna gestión
de producción. Tengo que elegir la obra. Lo primero será ponerme a leer a leer muchas obras... Si hace falta...,
si ninguna me gusta..., encargaré la función..., o una
adaptación... Tengo que elegir un texto que me guste, con

that not only shows my talents to advantage but that says what I want to say. And I'm going to form my own company with just the right actors. I'll draw up a proposal and apply for a grant. Then I'll find a producer. We'll do a publicity campaign. I can just see it now: "The career of Gloria Rivelles enters a new phase." But what about her personal life? Her life with Alfredo... What can I say? He might accept it; he could help me... But that's utopia; some kind of impossible dream... It would be fair, logical, normal... But that's not the way things work. Why do we actresses always go along with what producers want us to do? Why do wives so often accept the decisions of their husbands? Why don't women question things? I wish I knew!

(*The telephone rings again.*)

Hello... (*Indifferently.*) Yes, Alfredo... I don't know... I was just thinking... Yes, go on... What's that?... Oh,... yes; the interview with the director from Argentina... Oh!... He doesn't want to do the play you suggested?... He convinced you?... Yes, yes,... but what did he convince you of?... (*Surprised.*) It has no parts for ingenues? No sexy roles? (*She bursts out laughing.*) He wants to direct a play written by an Argentinean woman you never heard of? That can't be. I don't believe it... What do you mean,... does it bother me?... Alfredo, darling, (*Happily.*) what a wonderful surprise!... Yes, yes, I think it's a great idea... Alfredo, my darling, I'm so happy,... and so surprised!... No, but... of course you don't understand why I'm so glad about this... And don't say anything... I have lots to tell you, though. Oh,... do I ever! I'm on my way over there right now. See you soon, darling.

(*She hangs up and picks up her coat and purse.*)

Well, well... The Fates and an Argentinean have worked in my favor. Later... well, later, we'll see. I know I'll be strong enough to handle the problems that come up. As for now... What a surprise!

CURTAIN

el que pueda lucirme, que esté de acuerdo con mis ideas. Y voy a formar un equipo, un *casting* ideal. Haré un proyecto. Pediré una subvención. Buscaré un productor. Haremos una campaña de lanzamiento: la nueva etapa de Gloria Rivelles. La nueva etapa profesional... ¿Y sentimental? Con Alfredo... Y yo qué sé. Podría aceptarlo, podría ayudarme... ¡Menuda utopía...! Sería lo justo, lo lógico, lo normal... pero las cosas no funcionan así. ¿Por qué las actrices nos sometemos a los productores? ¿Por qué las mujeres aceptamos las decisiones de los maridos? ¿Por qué nunca cuestionamos nada? ¡Y yo qué sé!

(*Vuelve a sonar el teléfono.*)

Sí... (*Con indiferencia.*) Sí, Alfredo..., pues no sé..., pensaba... Sí, dime... ¿Qué dices...? Ya... sí, la entrevista con el director argentino... ¡Ah...!, que no quiere hacer la función que le has propuesto... ¿Que te ha convencido...? Ya, ya..., ya, ¿de qué te ha convencido...? (*Con sorpresa.*) ¿Que no hay papeles para chicas jóvenes? ¿Que no hay papeles *sexy*? (*Carcajada.*) ¿Que quiere dirigir un texto de una autora argentina que no conoces? No puede ser. No me lo puedo creer... Pero qué dices... ¿Que si me molesta...? Alfredo... (*Con alegría.*) ¡Qué sorpresa más maravillosa...! Sí, sí, maravillosa... Alfredo, cariño... Ay, pero ¡qué alegría! ¡Qué sorpresa...! No, si..., claro que no entiendes por qué me alegro tanto... No, no, no me cuentes nada... Voy a ser yo quien te cuente a ti. Jo..., sí, de verdad. Ahora mismo voy por ahí. Hasta ahora, cariño.

(*Cuelga. Coge un abrigo. Coge el bolso.*)

Bueno, el azar y el argentino han jugado esta vez a mi favor. Luego... Luego ya veremos. Resolveré luego los problemas que surjan después. Ahora... ¡Menuda sorpresa!

TELÓN

¡AY..., HOMBRES!

OH, MAN... MEN!

**Companyia T de Teatre
(Rosa Gàmiz, Àgata Roca,
Mamen Duch, Míriam Iscla,
Carme Pla) y Sergi Belbel**

CHARACTERS

Woman 1
Woman 2
Woman 3
Woman 4
Woman 5

PERSONAJES

MUJER 1
MUJER 2
MUJER 3
MUJER 4
MUJER 5

(*Five* WOMEN *seated in a semicircle face the audience for some no-holds-barred "girl talk".*)

WOMAN 5.– Oh, man... Men!

ALL.– (*Sigh.*)

WOMAN 5.– Men, men, men!

ALL.– (*Sigh.*)

WOMAN 5.– Men! They really drive us nuts, don't they?

ALL.– Oh, man...

WOMAN 2.– Especially the men we like.

WOMAN 4, WOMAN 5.– Oh, man!...

WOMAN 4.– But the ones we can't stand are even worse!

WOMAN 2, WOMAN 5, WOMAN 3.– Oh, man!...

WOMAN 3.– Well, when you get right down to it, girls, this man-woman thing can be a royal pain in the ass.

WOMAN 4.– Oh, man! You can say that again.

WOMAN 5.– Men make you cry, but they also make you laugh.

WOMAN 4.– For sure, that too.

WOMAN 2.– For sure!

WOMAN 3.– Oh, man... I'd say it depends.

WOMAN 5.– Men can really be a lot of fun.

WOMAN 3.– On the other hand, when all's said and done... Well, what can I say? What goes on between men and women, and whether it's good or bad, depends a lot on the details; the little things. Don't you think?

WOMAN 2.– Oh, man, but those little things, men don't usually have a clue...

(*Cinco* MUJERES *se sientan en semicírculo, de cara a los espectadores, para conversar distendidamente y en tono de tertulia.*)

MUJER 5.– ¡Ay…, hombres!

TODAS.– ¡Ay…!

MUJER 5.– ¡Hombres, hombres, hombres!

TODAS.– ¡Ay, ay, ay!

MUJER 5.– Los hombres nos vuelven locas.

TODAS.– Hombre…

MUJER 2.– Sobre todo, los hombres que nos gustan.

MUJER 4 Y MUJER 5.– ¡Hombre…!

MUJER 4.– Claro que también los hay que no nos gustan nada y nos vuelven más locas todavía.

MUJER 2, MUJER 5 Y MUJER 3.– ¡Hombre…!

MUJER 3.– Es que, mirándolo bien, chicas, la relación hombre-mujer se las trae, ¿eh?

MUJER 4.– Hombre, sí.

MUJER 5.– Te hacen llorar, pero también reír.

MUJER 4.– ¡Hombre, también!

MUJER 2.– ¡Hombre, pues claro!

MUJER 3.– Hombre, depende.

MUJER 5.– Hombre, tienen su gracia.

MUJER 3.– Ahora que, mirándolo mejor, la verdad es que, si te fijas bien y tal, qué queréis que os diga, ¿no?, las relaciones estas se basan siempre en pequeñas cosas, ¿verdad?

MUJER 2.– Hombre, pero a veces esas pequeñas cosas los hombres no…

WOMAN 5.– Right, and no matter how hard we try...

WOMAN 4.– ... they just don't...

WOMAN 3.– ... zero, zip, nada.

WOMAN 2.– Oh, man, men aren't so...

WOMAN 4.– No, not really.

WOMAN 5.– But sometimes, they're so...

WOMAN 3.– You can say that again!

WOMAN 4.– Really!

WOMAN 1.– I'm not sure it's all that clear. How to put it? Sometimes I just lose it with men; get all bent out of shape, can't take it anymore; then I scream, and I cry and...

WOMAN 5.– And then, what?

WOMAN 1.– Then, oh! I sorta lose control.

WOMAN 3, WOMAN 5, WOMAN 2, WOMAN 4.– Come on, girl!

WOMAN 1.– Don't "come-on-girl" me! It's "come on, *men*"!

WOMAN 3.– But everything has a good side, don't you think? Even men!

WOMAN 5.– Well...

WOMAN 2.– Well...

WOMAN 4.– Oh, I guess so.

WOMAN 1.– Sometimes I feel like becoming a nun, ya' know? Or even better yet, I think, what if I could just wipe men off the face of the Earth? Like abracadabra! A snap of the fingers, and they're history.

WOMAN 5, WOMAN 4, WOMAN 3, WOMAN 2.– Oh, man!

WOMAN 1.– You don't like that?

WOMAN 5, WOMAN 4, WOMAN 3, WOMAN 2.– N-o-o-o-o-o-o!

WOMAN 1.– I guess we're stuck with sharing the planet with men.

WOMAN 3.– Oh, I don't know; sometimes it can be fun, don't you think?

WOMAN 2.– Man, if you're talking about sharing the planet, well, maybe. But... sharing a house...

WOMAN 5.– Oh man, that can really get hairy, can't it?

WOMAN 3.– Yeah, but living with a man does have its advantages.

WOMAN 4.– Why do you say that? The security thing?

WOMAN 3.– Among others, for sure.

WOMAN 1.– What others?

MUJER 5.– Sí, sí, los hombres, chica, quieras o no...

MUJER 4.–... quieras o no, dale que dale y nada de nada.

MUJER 3.–... nada de nada.

MUJER 2.– Hombre, no son tan...

MUJER 4.– Hombre, no...

MUJER 5.– Pero a veces son tan...

MUJER 3.– Sí, sí.

MUJER 4.– ¡Hombre, pues claro!

MUJER 1.– ¡Ni claro ni oscuro, ni dale ni nada!, chicas, no sé qué deciros, porque hay veces que yo ya no puedo más y me exalto y me cabreo y me pongo a mil y grito y lloro, y entonces...

MUJER 5.– ¿Qué?

MUJER 1.–... entonces, ay, mira, no sé lo que haría.

MUJER 3, MUJER 5, MUJER 2 Y MUJER 4.– ¡Pero, mujer!

MUJER 1.– ¡Ni mujer ni hombre, ni perro ni gato, hombre!

MUJER 3.– Todo tiene su lado positivo, incluso los hombres, ¿verdad?

MUJER 5.– Hombre...

MUJER 2.– Hombre...

MUJER 4.– Hombre, sí.

MUJER 1.– A mí, a veces, es que me dan ganas hasta de meterme a monja, tú. O no, mejor todavía, ¿sabéis qué?, los eliminaría de la capa de la Tierra, hala, hala, fuera, fuera, fuera todos.

MUJER 5, MUJER 4, MUJER 3 Y MUJER 2.– ¡Hombre!

MUJER 1.– ¿No?

MUJER 5, MUJER 4, MUJER 3 Y MUJER 2.– Hombre, no.

MUJER 1.– Estamos condenadas a compartir el planeta con ellos, vamos.

MUJER 3.– Ay, no sé, a veces puede ser muy divertido, me parece, ¿no?

MUJER 2.– Hombre, compartir el planeta, mira, pero... compartir casa...

MUJER 5.– Hombre, eso sí que es peliagudo, ¿eh?

MUJER 3.– Hombre, vivir con un hombre tiene sus ventajas.

MUJER 4.– ¿Por qué lo dices, porque te da seguridad?

MUJER 3.– Entre otras cosas, claro.

MUJER 1.– Pues no sé cuáles.

WOMAN 5.– Oh, man, sure. Imagine living alone, and someone knocks on your door in the middle of the night. You know, before you open up, you have to shout: "No, Pepe! Don't bother, Pepe! I'll get the door, Pepe." That's in case there's somebody out there who's up to no good. On the other hand, if there's a real Pepe in your life, I mean a man in the house, then... he opens the door.

WOMAN 2.– Oh, if there's a real Pepe, who's always around and keeps you warm under the covers at night...

WOMAN 4.– You mean a real Pepe, who scares off all the creeps, perverts and rapists lying in wait out there to...

WOMAN 5.– And who fixes dinner when you're bushed...

WOMAN 1.– You're dreaming! There's no such animal! Nobody!

WOMAN 3.– Yeah, but even if he really was almost nobody; you know, what I mean,... like some little twerp of a Pepito.

WOMAN 4.– Oh, man, girl...

WOMAN 3.– Really, even a little Pepito, no matter how twerpy he is, provides some security, don't you think? Oh, hell, I don't know.

WOMAN 1.– What I say is if we don't have security, we ought to be independent enough to invent it ourselves. When we decided to live alone...

WOMAN 2.– Decided?

WOMAN 1.– Well... Hey, at least we have answering machines. We can screen out the jerks and other undesirables. Men identify themselves, and we pick the ones to call back.

WOMAN 5.– When you think about it, we're really lucky to have those machines now.

WOMAN 1.– Man! I'll say!

WOMAN 4.– Remember when we didn't have them and we'd wait around for a call from that special someone?

WOMAN 2.– I went days without making plans.

WOMAN 5.– I'd stock up on munchies and sort of camp out beside the phone.

WOMAN 4.– I used to pick up the receiver every couple of minutes just to make sure the thing was still working.

MUJER 5.– Hombre, sí. Imagínate que vives sola y llaman a la puerta de noche. Siempre, antes de abrir, tienes que gritar: "No, Pepe, tranquilo, Pepe, ya abro yo, Pepe", por si acaso hay un rufián en la escalera. En cambio, si existiera un Pepe de verdad en tu vida, quiero decir en tu casa, entonces... abriría él.

MUJER 2.– O, si existiera un Pepe de verdad que estuviera siempre a tu lado y te calentara los pies con los suyos debajo del edredón...

MUJER 4.– Un Pepe como Dios manda, que te ayudara a espantar las moscas, los monstruos y a los violadores cuando te atacan...

MUJER 5.– Y te hiciera la cena cuando estuvieras cansada...

MUJER 1.– Esa clase de Pepes no existe...

MUJER 3.– Sí, aunque fuera un Pepe pequeñín, escuchimizado, mequetrefe..., un Pepito, vamos.

MUJER 4.– Hombre, mujer...

MUJER 3.– Sí, da igual, un Pepe de ésos, si existiera, por enano que fuera, siempre te daría seguridad, ¿no?, ¡ay!, no sé.

MUJER 1.– Pero la seguridad, si no la tienes, te la inventas. Por eso, si hemos decidido vivir solas...

MUJER 2.– ¿Decidido?

MUJER 1.– Por lo menos tenemos los contestadores automáticos. No hay que espantar ni moscas, ni monstruos, ni a violadores. Simplemente, que llamen y tú sólo respondes a los que te interesan.

MUJER 5.– Mirándolo bien, qué suerte tenemos con lo de los contestadores.

MUJER 1.– ¡Hombre!

MUJER 4.– ¿Os acordáis de antes, cuando no había contestadores y esperábamos la llamada de alguien especial?

MUJER 2.– Uh, yo no quedaba con nadie durante dos días.

MUJER 5.– Yo me compraba una bolsa de pipas de las gigantes y levantaba una especie de santuario al lado del teléfono.

MUJER 4.– Yo levantaba cada dos segundos el auricular para comprobar si funcionaba, por si acaso habían cortado la línea.

WOMAN 3.– And if I had to go out for a while, I didn't want the guy to think I'd gone off for the week-end. So you know what? I'd leave the phone off the hook.

WOMAN 1.– I just went out and didn't worry about it.

WOMAN 3, WOMAN 4, WOMAN 2, WOMAN 5.– Really?

WOMAN 1.– Yeah... but I always left a long list of phone numbers with all the places I might be during the day!

WOMAN 3, WOMAN 4, WOMAN 2, WOMAN 5.– Oh...

WOMAN 4.– And when he finally did call...

WOMAN 5.– He said it wasn't convenient to go out for dinner, like you'd planned.

WOMAN 3.– So you'd say something like: "Oh, that's okay; no problem; sure I understand," and all that stuff. Then you'd add: "hey, I have other things to do anyway..."

WOMAN 1.– Isn't that the pits, girls?

WOMAN 2.– I'll say.

ALL.– O-o-o-h-h-h...

WOMAN 3.– The advantage of living with a guy is that you don't have to listen for the phone all the time, and you don't have to worry about when you're going out with him.

WOMAN 5.– Yeah, because when you don't live with this guy, and you finally go out to dinner with him, and he brings you home in his car...

WOMAN 2, WOMAN 1, WOMAN 4, WOMAN 3.– Uh-oh!...

WOMAN 5.– You have to be on your toes every second and be very aware of how he stops and parks the car.

WOMAN 1.– If he double parks, leaves the motor running with the hazard lights flashing, "click, click," really irritating, that means he's in a hurry. You say something like: "Hey, well, that's it; see ya' around." Maybe a peck on the cheek and you jump out of the car.

WOMAN 2.– And if he finds a spot to park but leaves the motor running, you can finish the cigarette you'd lit as the car turned onto your street. Maybe a quick kiss on the lips and you turn to him with: "great dinner." And that's it.

WOMAN 4.– But if he finds a parking spot and turns off the motor...

ALL.– Oh-oh!

MUJER 3.– Yo, si tenía que salir un momentito, para que no se pensara que me había ido todo el fin de semana, ¿sabéis lo que hacía?, dejaba el teléfono descolgado.

MUJER 1.– Pues yo salía tranquilamente.

MUJER 3, MUJER 4, MUJER 2 Y MUJER 5.– ¿Ah, sí?

MUJER 1.– Sí. Pero dejaba a los de casa el listado de los siete teléfonos donde se me podía encontrar a todas horas del día.

MUJER 3, MUJER 4, MUJER 2 Y MUJER 5.– Ah...

MUJER 4.– Y cuando por fin llamaba...

MUJER 5.– Te decía que le iba fatal quedar para cenar, como habías previsto.

MUJER 3.– Y tú le decías: "Ah, bueno, vale, sí, sí, si te entiendo, de verdad, te entiendo a tope y tal, ¿eh?, mira, ya ves, a mí, total...".

MUJER 1.– ¡Ay, qué ridículo, cariño!

MUJER 2.– Ay, sí.

TODAS.– Ay...

MUJER 3.– La ventaja de vivir con un hombre es que no vives colgada del teléfono y nunca más tienes que quedar con él.

MUJER 5.– Sí, porque cuando finalmente quedabas para cenar con él y te acompañaba a casa en coche...

MUJER 2, MUJER 1, MUJER 4 Y MUJER 3.– Oh, qué horror...

MUJER 5.–... tenías que estar muy alerta al modo en que frenaba y aparcaba el coche.

MUJER 1.– Si lo aparcaba en doble fila y dejaba el intermitente con el clic incordiando sin parar, quería decir que tenías poco tiempo; le decías: "Pues eso, pues nada, hala, ya nos veremos otro día, ¿eh?". Besito en la mejilla y pies para qué os quiero.

MUJER 2.– Si lo aparcaba en primera fila pero no quitaba el contacto, acababas de fumarte el cigarrillo que te habías encendido un minuto antes, cuando habías reconocido tu calle. Quizá..., un besito en los labios y le decías: "Una cena encantadora". Y te ibas tranquilamente.

MUJER 4.– Si lo aparcaba en primera fila y además quitaba el contacto...

TODAS.– Uh-ah-uh.

WOMAN 4.– Then you light a cigarette sort of casual like and say: "Hey, look; it's late, huh? But you know something? I'm not a bit sleepy...", and then...

WOMAN 3.– But the very worst thing is when he doesn't park or anything. Like about three or four blocks away from your house, he says: "Hey, hon, you know what? I'm in a big hurry. If it's okay, I'm just gonna let you hop out here while the light's red. Ya' don't mind, do ya'? See ya' around, hon. Take care!"

WOMAN 5.– Oh, man; none of that goes on if you live with a guy.

WOMAN 1, WOMAN 3, WOMAN 2, WOMAN 4.– No.

WOMAN 5.– If you live with him, that whole going-to-bed-after-dinner thing is no big deal either; there's only one way to go: you go to bed with him.

WOMAN 4.– With who?

WOMAN 5.– With... him.

WOMAN 4.– With him.

WOMAN 5.– Yes, with him.

WOMAN 4.– Oh, him-him...

WOMAN 1.– Yeah, yeah; but what do you mean... with... "him"?

WOMAN 5.– With him;... your,... your...

WOMAN 3.– Your what?

WOMAN 5.– Your,... your... whatchamacallit.

WOMAN 2.– Your whatchamacallit? That's not very nice!

WOMAN 5.– Then your whatever; your fella.

WOMAN 1, WOMAN 2, WOMAN 3, WOMAN 4.– Your fella!

WOMAN 5.– Oh, I don't know. What do you call the man you live with?

WOMAN 1.– Oh, hey; that is a problem, huh? Especially when you have to introduce him to somebody, and you say something like: "This is Pepe; he's my... my..."

WOMAN 4.– Oh, I'd say, "my buddy."

WOMAN 3.– Oh, no way! That could be somebody you work with.

WOMAN 5.– And probably everybody at work calls him a buddy, too.

WOMAN 4.– Yes, but...

WOMAN 2.– What I think is...

WOMAN 5, WOMAN 4, WOMAN 1, WOMAN 3.– What?

WOMAN 2.– Just say: "This is my man."

WOMAN 5, WOMAN 4, WOMAN 1, WOMAN 3.– Oh, please!

WOMAN 5.– Sounds so possessive!

MUJER 4.– Encendías con toda la pachorra un cigarrillo y le decías aquello de: "Uh, mira que es tarde, ¿eh?, pero, qué curioso, ¿no?, no tengo nada de sueño", y entonces...

MUJER 3.– Desde luego, lo peor que te podía pasar es que ni aparcara ni nada, tú, sino que a tres o cuatro manzanas de tu casa te dijera: "Mira, ¿sabes qué, nena?, igual te dejo aquí y aprovecho el semáforo, te va bien, ¿verdad?, hala, hasta luego, nena, ah, y cuídate".

MUJER 5.– Hombre, todo eso no te pasa si vives con un hombre.

MUJER 1, MUJER 2, MUJER 4 Y MUJER 3.– Hombre, no.

MUJER 5.– Si vives con un hombre, lo de irte a la cama con él después de cenar ya no tiene por qué causarte problemas, porque no te queda otro remedio: tienes que dormir con él.

MUJER 4.– ¿Con quién?

MUJER 5.– Con... él.

MUJER 4.– Con él.

MUJER 5.– Sí, con él.

MUJER 4.– Oh, él, él...

MUJER 1.– Eso sí, ¿qué quieres decir... con... él?

MUJER 5.– Pues él... tu... tu...

MUJER 3.– ¿Tu qué?

MUJER 5.– Tu... tu... tu cosa.

MUJER 2.– ¡Tu cosa, vaya modo de llamarle!

MUJER 5.– Tu cosa, tu chico.

MUJER 1, MUJER 2, MUJER 3 Y MUJER 4.– ¡Tu chico!

MUJER 5.– Ay, no sé, ¿cómo se le llama al que vive contigo?

MUJER 1.– Oh, eso sí que es un problema, ¿eh? Sobre todo cuando te toca presentarlo a alguien y le dices aquello de: "Mira, te presento a Pepe, que es mi... mi...".

MUJER 4.– Hombre, yo diría: "es mi compañero".

MUJER 3.– Qué dices, mujer, parece que estés trabajando con él.

MUJER 5.– Nada, nada, también deben de llamarle compañero a tu cosa todas sus compañeras de trabajo.

MUJER 4.– Sí, pero...

MUJER 2.– Yo digo...

MUJER 5, MUJER 4, MUJER 1 Y MUJER 3.– ¿Qué?

MUJER 2.– "Es mi hombre".

WOMAN 1.– Too generic.

WOMAN 4.– I don't like that at all.

WOMAN 3.– Sounds silly.

WOMAN 2.– But all the guys say: "This is my woman."

WOMAN 4.– Oh, man! But it doesn't sound the same.

WOMAN 2.– What's the difference?

WOMAN 3.– I'd rather say: "This is my lover."

WOMAN 1.– Oh, man, that's so corny.

WOMAN 3.– But ever since Marguerite Duras wrote all those novels about lovers, the word is right back in style, don't you think?

WOMAN 4.– Oh, I don't know. A lover is another guy, right?

WOMAN 5.– What do you mean, another guy?

WOMAN 4.– Oh, I mean somebody else, like a third person; somebody in addition to your live-in guy.

WOMAN 1, WOMAN 5.– Go, girl!

WOMAN 3.– And we thought she was the innocent one!

WOMAN 1.– Really. I guess the only term I like is "friend."

WOMAN 5.– Oh, no! I have lots of men friends who don't live with me, and I wouldn't want them to move in, either.

WOMAN 3.– So what do you call those other people?

WOMAN 1.– They're... just acquaintances.

WOMAN 2.– Right!

WOMAN 5.– Well,... how about... "partner"?

WOMAN 2.– Sounds like you're in business!*

WOMAN 5.– Then how about saying: "I'd like you to meet... 'my love'"?

WOMAN 1, WOMAN 2, WOMAN 4, WOMAN 3.– Oh, man!

WOMAN 4.– Hey, I love my plants, too, but I don't want them in bed with me!

WOMAN 3.– What about... "beau"?

WOMAN 5, WOMAN 2, WOMAN 4, WOMAN 1.– W-h-a-a-a-a-a-t?

WOMAN 1.– That's even cornier than "lover"!

WOMAN 3.– Well, how about "roommate"?

WOMAN 5, WOMAN 2, WOMAN 4, WOMAN 1.– W-h-a-a-a-t?

WOMAN 1.– Tacky! Sounds like you're in college!*

WOMAN 4.– But if we want to introduce him, you know what I mean, like really explain who he is, we could always just say he's the "guy I live with."

---

* These exchanges not in original (*Translator's Note*).

MUJER 5, MUJER 4, MUJER 1 Y MUJER 3.– ¡Anda ya!

MUJER 5.– ¡Qué posesiva!

MUJER 1.– Es muy genérico.

MUJER 4.– No me gusta nada.

MUJER 3.– Qué sosería.

MUJER 2.– Pero si todos los hombres dicen: "Es mi mujer".

MUJER 4.– Hombre, mujer, no es lo mismo.

MUJER 2.– ¿Y por qué no?

MUJER 3.– A mí el que me gusta más es: "Es mi amante".

MUJER 1.– Nena, qué cursi.

MUJER 3.– Hombre, desde que la Margarita Duras escribió aquella novela, se ha vuelto a poner muy de moda, ¿no?

MUJER 4.– Ay, no sé, es que el amante es el otro, ¿no?

MUJER 5.– ¿Qué otro?

MUJER 4.– Hombre, mujer, el otro, el tercero, el que no es tu compañero.

MUJER 1, MUJER 5 Y MUJER 3.– ¡Mira la mosquita muerta!

MUJER 1.– Nada, hombre, nada, a mí el único que me gusta es: "Es mi amigo".

MUJER 5.– Ay, no, yo tengo cantidad de amigos y no viven conmigo, ni ganas.

MUJER 3.– Pues claro, y entonces, ¿cómo les llamas a los demás?

MUJER 1.– Pues..., conocidos.

MUJER 2.– ¡Sí, hombre!

MUJER 5.– ¿Y..., y... "es mi amor"?

MUJER 1, MUJER 2, MUJER 4 Y MUJER 3.– ¡Hala!

MUJER 4.– ¡Yo también siento mucho amor por las plantas y no me las meto en la cama, hombre!

MUJER 3.– ¿Y... y... concubino?

MUJER 5, MUJER 2, MUJER 4 Y MUJER 1.– ¿Quéeee?

MUJER 1.– Aún más cursi.

MUJER 4.– Hombre, si lo queremos presentar, para entendernos, de una manera formal, siempre podemos decir: "Es el que cohabita conmigo".

WOMAN 5, WOMAN 2, WOMAN 3, WOMAN 1.– Live with?

WOMAN 5.– Ugly!

WOMAN 3.– Sounds like you're talking to a census taker.

WOMAN 2.– Exactly.

WOMAN 5.– Oh, man, just say "this is Pepe, the guy I share my life with."

WOMAN 1.– Oh, sure, and "the guy I argue with every other hour."

WOMAN 2.– And "the guy who always wants the bathroom when I'm in there..."

WOMAN 3.– And... you can also identify him as "the guy who likes beans and sausage."

WOMAN 4.– Yeah, sure; and as "the guy I smack over the head when he farts at night..." Oh, come on!

WOMAN 3.– Well, what about saying: "This is my soul mate"?

WOMAN 1.– Lover, beau, soul mate... Girl, I think all those French novels have gone to your head.

WOMAN 5.– Actually, the simplest thing would be to say: "This is my boyfriend."

WOMAN 4.– Yes, I've heard that a lot lately.

WOMAN 3.– Oh, that's so unoriginal.

WOMAN 2.– But it sure gets the parents off our backs, right?

WOMAN 3.– If we really want to do that, we should say: "This is my fiancé."

WOMAN 1.– Fiancé, no way, girl 'cause then you gotta get married!

WOMAN 3.– Well, sure!

WOMAN 4.– Another thing I hear a lot these days is "this is my husband," even when you're not married, ya' know?

WOMAN 5.– Yeah, but that's cheating.

WOMAN 4.– But at least the neighbors don't look at you funny.

WOMAN 1.– Hey, girls, this is getting out of hand. Why don't we just go back to what we said before?

WOMAN 5.– What's that?

WOMAN 1.– Just call him "him" and leave it at that.

WOMAN 3.– Yeah, but let's say you run into some friends on the street as you're walking along with "him" and you stop to talk. So you're going to say to your friends: "look, I'd like you to meet 'Him'. 'Him', this is Antoñita; 'Him', this is Carmenchu."

WOMAN 2.– Just introduce him as Pepe and that's it.

MUJER 5, MUJER 2, MUJER 3 Y MUJER 1.– ¿Cohabita?

MUJER 5.– ¡Qué feo!

MUJER 3.– Parece que estés rellenando el formulario para empadronarte.

MUJER 2.– Ay, sí.

MUJER 5.– Hombre, también puedes decir: "Éste es Pepe, con quien comparto mi vida".

MUJER 1.– Sí, hombre, y "con quien me peleo cada dos horas".

MUJER 2.– Y "con quien tengo problemas a la hora de compartir el lavabo".

MUJER 3.– Y "a quien le gustan los garbanzos con chorizo".

MUJER 4.– Sí, y "éste es Pepe, a quien doy un tortazo cuando se tira pedos en la cama...", ¡anda ya!

MUJER 3.– ¿Y... "es mi querido"?

MUJER 1.– Amante, concubino, querido... Cariño, parece que te hayan sacado de *Las amistades peligrosas*.

MUJER 5.– En realidad, lo más normal es decir: "Es mi novio".

MUJER 4.– Se lleva mucho últimamente, sí.

MUJER 3.– Ay, pero es tan vulgar.

MUJER 2.– Hombre, llamarle "novio" tranquiliza mucho a los padres, ¿eh?

MUJER 3.– Para eso, es mejor "prometido".

MUJER 1.– ¡Prometido no, cariño, que luego tienes que casarte!

MUJER 3.– Ay, sí.

MUJER 4.– De hecho, también se lleva mucho últimamente decir: "Es mi marido", aunque no estés casada, ¿eh?

MUJER 5.– Sí, pero eso es hacer trampa.

MUJER 4.– Hombre, así al menos las vecinas no te miran mal.

MUJER 1.– Mirad, chicas, yo ya me estoy haciendo un lío. ¿Y si lo dejamos como antes?

MUJER 5.– ¿Cómo?

MUJER 1.– Lo que has dicho tú, simplemente: "Es él".

MUJER 3.– Sí, pero si te encuentras a unas amigas por la calle y vas con él y te paras, no se lo presentarás diciendo: "Mirad, éste es él, os lo presento, él, Antoñita y Carmenchu".

MUJER 2.– Di: "Éste es Pepe", y punto.

WOMAN 3.– But that doesn't explain a thing.

WOMAN 2.– And why do you have to explain anything?

WOMAN 3.– Well, it just sounds better.

WOMAN 4.– No need to explain; the friends you run into are going to know he's your... "whatever." So all you have to say is: "Pepe, I'd like you to meet Antoñita and Carmenchu," and then you sorta press up against him or sling an arm over his shoulder kinda casual-like, and they'll get the picture.

WOMAN 5.– I got a better idea.

WOMAN 1, WOMAN 2, WOMAN 4, WOMAN 3.– What's that?

WOMAN 5.– Don't introduce him at all!

WOMAN 1, WOMAN 2, WOMAN 4, WOMAN 3.– Oh, s-u-u-u-r-e!

WOMAN 4.– So the problem here is not so much what you call him but how you introduce him, right?

WOMAN 1.– Well, yeah, it's always a little tricky when you have to make introductions, don't you think?

WOMAN 5.– You think so?

WOMAN 1.– Sure I do. Don't you?

WOMAN 5.– Oh, man, that depends.

WOMAN 4.– Heck, no, man. The real trick is still how to live with him.

WOMAN 1, WOMAN 2, WOMAN 5, WOMAN 3.– Yeah?

WOMAN 1.– Yeah, because to live with a man... I mean, to live with a man... Well, what I'm trying to say is that close contact with a man can turn into the most...

WOMAN 4.– I'll say!

WOMAN 3.– The most... what?

WOMAN 1.– I don't know... Like something animals do; like the most...

WOMAN 2.– Selfish?

WOMAN 4.– Like something really low down and dirty; that's what she's trying to say.

WOMAN 1.– That kind of contact always causes problems.

WOMAN 5.– What problems?

WOMAN 1.– Lots of them. Like, how do you deal with his going to sleep on top of you and squashing you, like some whale in a sea of sweat.

WOMAN 5, WOMAN 4, WOMAN 2, WOMAN 3.– Yuck!

WOMAN 2.– And how about those battles of the blanket to see who gets the covers?...

MUJER 3.– Sí, pero así no especificas nada.

MUJER 2.– ¿Y por qué tienes que especificar algo?

MUJER 3.– Hombre, siempre queda bien, ¿no?

MUJER 4.– Puedes no decir nada y dar por descontado que las que te encuentran ya saben que es tu... cosa, y vas y dices: "Mira, Pepe, te presento a Antoñita y a Carmenchu", y entonces vas y lo coges del brazo y le metes la cabeza debajo del sobaco para que ellas se den cuenta de que es... él.

MUJER 5.– Hay una cosa mucho mejor todavía.

MUJER 1, MUJER 2, MUJER 4 Y MUJER 3.– ¿Cuál?

MUJER 5.– ¡No lo presentes!

MUJER 1, MUJER 2, MUJER 4 Y MUJER 3.– ¡Pues claaaaaro!

MUJER 4.– Ahora, que el problema real no es cómo llamarle ni cómo presentarlo, ¿eh?

MUJER 1.– Hombre, siempre da un poquitín de vergüenza presentarlo, ¿no?

MUJER 5.– ¿Ah, sí?

MUJER 1.– Ah, ¿a ti no?

MUJER 5.– Hombre, depende.

MUJER 4.– Nada, hombre, nada, el problema real es cómo vivir con él.

MUJER 1, MUJER 2, MUJER 5 Y MUJER 3.– ¡Tú dirás!

MUJER 1.– Sí, porque vivir con un hombre..., quiero decir..., el contacto con un hombre puede ser de lo más...

MUJER 4.– Ay, sí.

MUJER 3.– De lo más..., ¿qué?

MUJER 1.– No sé..., de lo más animal, de lo más salvaje, de lo más...

MUJER 2.– ¿Egoísta...?

MUJER 4.– De lo más guarro, vaya.

MUJER 1.– Sí, el contacto siempre trae problemas.

MUJER 5.– ¿Cuáles?

MUJER 1.– Muchos. ¿Qué me dices de la costumbre de dormir encima de una, aplastándola como si fuera una ballena navegando en un mar de sudor?

MUJER 5, MUJER 4, MUJER 2 Y MUJER 3.– ¡Eeeees, qué asco!

MUJER 2.– Y luego las batallas para ver quién estira y se queda con las mantas...

WOMAN 4.– He always wins that one...

WOMAN 3, WOMAN 1, WOMAN 2, WOMAN 5.– For sure!

WOMAN 1.– And how about that crazy urge of his to open the windows in the dead of winter?

WOMAN 5, WOMAN 4, WOMAN 3, WOMAN 2.– Oh-h-h-h-h!

WOMAN 5.– Oh, boy, but what takes the cake, girls, it's even worse than pulling the covers off, or sweating like a pig or opening windows,... is all that snoring!

WOMAN 4, WOMAN 3, WOMAN 1, WOMAN 2.– O-o-o-h-h-h-h, man!

WOMAN 5.– They say people snore only in a certain position. Ha! No way. You elbow the guy in the ribs, he turns over, and that snorting pig hardly misses a beat! Before you know it, he's at it again, sawing wood louder than ever.

WOMAN 2.– I hear adenoids cause that.

WOMAN 1.– Adenoids? Well, men should have them taken out. Get rid of 'em, I say. Man!

WOMAN 5, WOMAN 4, WOMAN 3.– Absolutely!

WOMAN 4.– I wonder: do snorers know they're snoring when they snore?

WOMAN 1, WOMAN 2, WOMAN 3, WOMAN 5.– Sure!

WOMAN 4.– Then they deserve no mercy!

WOMAN 3.– Yeah, there's only one good thing about a guy's snoring: it tells us he's not dead.

WOMAN 5.– "He snores, therefore he is."

WOMAN 1, WOMAN 2, WOMAN 4, WOMAN 3.– Right!

WOMAN 1.– And you know something else? None of them snore alike.

WOMAN 4.– That's for sure.

WOMAN 2.– This may seem obvious, girls, but all men aren't alike either.

WOMAN 5, WOMAN 1, WOMAN 4, WOMAN 3.– No-o-o-o-o!

WOMAN 1.– There are men...

WOMAN 5.– And men.

WOMAN 4, WOMAN 3.– Man!

WOMAN 2.– Go on.

WOMAN 1.– Oh, boy, what can I say. There are some types to be avoided at all costs, that's what I say.

WOMAN 5.– Which ones? Come on.

WOMAN 1.– Oh, man; well, one type you really have to forget is the Prince Charming.

MUJER 4.– Él, siempre se las queda él...

MUJER 3, MUJER 1, MUJER 2 Y MUJER 5.– ¡Pues claro!

MUJER 1.– ¿Y la manía de abrir las ventanas en pleno invierno?

MUJER 5, MUJER 4, MUJER 3 Y MUJER 2.– ¡Ohhh!

MUJER 5.– Hombre, lo peor de todo, aparte de que se queda con las mantas, suda como un cerdo y abre las ventanas..., ¡los ronquidos!

MUJER 4, MUJER 3, MUJER 1 Y MUJER 2.– ¡Uhhh!

MUJER 5.– ¡Eso que dicen de que sólo roncan en una postura concreta es mentira!, ¿eh?, porque cuando les arreas un codazo en las costillas y cambian de postura, los muy marranos van y roncan más todavía.

MUJER 2.– Eso es por culpa de las vegetaciones.

MUJER 1.– ¿De las vegetaciones? ¡Pues que se las operen, que se las quiten, que se las poden las vegetaciones esas, hombre!

MUJER 5, MUJER 4 Y MUJER 3.– ¡Sí, señor!

MUJER 4.– Yo me pregunto una cosa: los hombres que roncan, ¿saben que roncan cuando roncan?

MUJER 1, MUJER 2, MUJER 3 Y MUJER 5.– ¡Pues claro!

MUJER 4.– Entonces no tienen perdón de Dios.

MUJER 3.– Sí, sí, cuando les oímos roncar sólo tenemos un consuelo: saber que por lo menos no están muertos.

MUJER 5.– Sí: ronca, luego existe.

MUJER 1, MUJER 2, MUJER 4 Y MUJER 3.– ¡Eso!

MUJER 1.– Lo peor es que todos roncan de maneras diferentes.

MUJER 4.– Eso sí.

MUJER 2.– Es que, aunque parezca un tópico, no todos los hombres son iguales.

MUJER 5, MUJER 1, MUJER 4 Y MUJER 3.– ¡Nooo!

MUJER 1.– Hay hombres...

MUJER 5.– Y hombres.

MUJER 4 Y MUJER 3.– ¡Hombre!

MUJER 2.– ¡Hombre, tú dirás!

MUJER 1.– Hombre, qué quieres que te diga. Los hay que vale más ni acercarse, vamos.

MUJER 5.– ¿Cuáles, cuáles?

MUJER 1.– Hombre, los hombres que hay que evitar, por encima de todos, son los príncipes azules.

WOMAN 4.– Yeah?

WOMAN 1.– Absolutely.

WOMAN 3.– Hey, when I was a kid, that's what I wanted.

WOMAN 1.– But that was when you were a kid...

WOMAN 5.– And what's so bad about a Prince Charming?

WOMAN 1.– Oh, man! For starters, no weenie!

WOMAN 2, WOMAN 5, WOMAN 4.– U-f-f-f! Right!

WOMAN 3.– I'd never thought of that.

WOMAN 5.– When you come right down to it, there are lots of types to avoid...

WOMAN 4.– Oh, for sure; and the one-nighters head the list.

WOMAN 5.– Definitely.

WOMAN 1.– I feel sorry for them... All they know how to do is pick you up.

WOMAN 5.– For sure.

WOMAN 4.– Some men are born poets, others are born deaf or blind; others are born retarded, and then there are the guys strictly on the make; the one-night-standers. Absolutely hopeless.

WOMAN 3.– Yep, they come into the world that way and they go out that way, too.

WOMAN 5.– Oh, yeah!

WOMAN 2.– And how about the jokester who's always trying to be cute?

WOMAN 4.– You mean the jerk who does one dumb thing after another?

WOMAN 2.– Yeah; like you're in the elevator with this guy; he starts to squirm and clown around; then he says he's got a gift for you, and for you to put your hand out. Then he deposits on your hand a little wad of sticky green goop. You don't know what it is at first; then it turns out to be a glob of snot he's been saving up.

WOMAN 5, WOMAN 3, WOMAN 1.– Y-i-i-u-u-u-u-u!

WOMAN 4.– O-o-o-o-o! I could never stand men like that!

WOMAN 3.– But they don't do any real harm.

WOMAN 2.– But, man, what can I tell you?

WOMAN 3.– I say there are some really dangerous ones out there.

WOMAN 5.– Yeah? Who are they?

WOMAN 3.– The sickos.

WOMAN 2.– Oh, yeah; they're scary.

MUJER 4.– ¿Ah, sí?

MUJER 1.– Sí.

MUJER 3.– Ah, pues a mí cuando era pequeña me encantaban.

MUJER 1.– Hombre, mujer, cuando eras pequeña...

MUJER 5.– ¿Y por qué los príncipes azules?

MUJER 1.– Hombre, ¡porque no tienen pilila!

MUJER 2, MUJER 5 Y MUJER 4.– ¡Huy, claro!

MUJER 3.– Es verdad, tú, no me había fijado.

MUJER 5.– Pero en realidad son tantos a los que hay que evitar...

MUJER 4.– Hombre, sobre todo a los ligones.

MUJER 5.– Ay, sí.

MUJER 1.– A mí me dan una pena... Sólo saben ligar.

MUJER 5.– Sí, tú.

MUJER 4.– Los hay que nacen poetas, los hay que nacen sordos, ciegos, tarados, y los hay que nacen ligones. No hay nada que hacer.

MUJER 3.– Y siguen siéndolo hasta que la palman, ¿eh?

MUJER 5.– ¡Huy, sí!

MUJER 2.– ¿Y el graciosillo?

MUJER 4.– ¿El que te hace una putadita detrás de otra?

MUJER 2.– Sí, el que cuando vas con él en el ascensor empieza a dar saltitos, y te hace la trabanqueta y se pone a reír, y te dice que te trae un regalo y que pongas la mano, y te deja una cosita verde que no sabes qué es y resulta que es una bolita de mocos secos.

MUJER 5, MUJER 3 Y MUJER 1.– ¡Eeeeees!

MUJER 4.– Uh, yo a ése sí que no lo soporto.

MUJER 3.– Pero en el fondo no molestan.

MUJER 2.– Hombre, qué quieres que te diga.

MUJER 3.– Los peores son los peligrosos.

MUJER 5.– ¿Qué quieres decir?

MUJER 3.– Los perversos.

MUJER 2.– Ay, sí, qué miedo.

WOMAN 3.– If in the shadowy depths of every man there lurks a pig, inside this type of guy, girls, there's a whole frickin' pigsty.

WOMAN 5.– Isn't that exaggerating a little?

WOMAN 3.– No, I'm serious. There are men who get their jollies only if they can threaten you with a knife or dig their nails into you so deep you bleed; or maybe they like to pull your hair...

WOMAN 1.– Yeah, the hair on your head and other places, too.

WOMAN 5, WOMAN 4, WOMAN 2.– O-o-o-o-o-o!...

WOMAN 5.– And speaking of pigs,... how about the guy who really takes the role of "pig" to heart?

WOMAN 4.– What do you mean?

WOMAN 5.– I'm talking about the guy who doesn't take a bath; the filthy, smelly one, who puts out his cigarette in a glass with a little stale beer in the bottom and three dead flies and some crumbs floating around. Then he sticks his dirty sock in there like a cracker in a bowl of dip...

WOMAN 4, WOMAN 1, WOMAN 2, WOMAN 3.– Y-i-i-i-u-u-u-!

WOMAN 4.– And his feet stink...

WOMAN 3, WOMAN 2, WOMAN 1.– Y-u-u-u-u-c-k!

WOMAN 5.– Just like his breath!

WOMAN 3, WOMAN 2, WOMAN 4.– O-o-o-o-o-o!

WOMAN 1.– And his behi!...

WOMAN 2, WOMAN 5, WOMAN 3, WOMAN 4.– Stop!

WOMAN 4.– And he's got those little brown stains on his underwear!

WOMAN 1, WOMAN 2, WOMAN 3, WOMAN 5.– O-o-o-o-o-o!

WOMAN 2.– Oh, God, that kind of man makes me sick. Dirty guys are the ultimate jerks.

WOMAN 4.– Really.

WOMAN 3.– But there are jerks out there who just happen to be clean, you know?

WOMAN 5.– Lots!

WOMAN 1.– Actually, "jerks" is just a broad category of men, and it's not exactly an exclusive society, ya' might say, right?

WOMAN 3.– For sure!

WOMAN 2.– You think jerks are born jerks, like the others?

WOMAN 1.– Sure. Besides, jerks, like birds of a feather, flock together. Ever notice how one jerk hangs out with another jerk? And when a jerk gets married and has sons, they usually turn out to be jerks, just like him.

MUJER 3.– Si en el fondo de cada hombre hay un cerdo, en el fondo de los perversos hay una pocilga entera, chicas.

MUJER 5.– Cómo te pasas.

MUJER 3.– No, en serio. Los hay que sólo se excitan si te amenazan con cuchillos, o si te clavan las uñas hasta hacerte sangrar, o si te tiran de los cabellos...

MUJER 1.– ¡... y de los pelos!

MUJER 5, MUJER 4 Y MUJER 2.– ¡Ahhh...!

MUJER 5.– Hablando de cerdos..., ¿y el que lo es por fuera?

MUJER 4.– ¿Qué quieres decir?

MUJER 5.– El sucio, el asqueroso, el marrano, el guarro, el que apaga el cigarrillo en el vaso que aún tiene dos dedos de cerveza, migas de pan, tres moscas flotando y un calcetín sucio bien mojadito como un melindro...

MUJER 4, MUJER 1, MUJER 2 Y MUJER 3.– ¡Eeeecs!

MUJER 4.– El que le apestan los pies.

MUJER 3, MUJER 2 Y MUJER 1.– ¡Eeeecs!

MUJER 5.– Y la boca.

MUJER 3, MUJER 2 Y MUJER 4.– ¡Eeeecs!

MUJER 1.– ¡Y el cu...!

MUJER 2, MUJER 5, MUJER 3 Y MUJER 4.– ¡Ahhh!

MUJER 4.– ¡Y lleva manchas marroncitas en los calzoncillos!

MUJER 1, MUJER 2, MUJER 3 Y MUJER 5.– ¡Ahhh!

MUJER 2.– Ah, pero qué asco, es que para ser sucio se necesita ser gilipollas, ¿eh?

MUJER 4.– Tú dirás.

MUJER 3.– Ahora que también hay cantidad de gilipollas que son muy limpios, ¿eh?

MUJER 5.– Uh, cantidad.

MUJER 1.– Es que gilipollas es una categoría de hombre, y no es especialmente minoritaria, que digamos, ¿eh?

MUJER 3.– ¡Uh, no!

MUJER 2.– ¿Y gilipollas, también se nace?

MUJER 1.– Pues claro. Además, los gilipollas tienen la costumbre de juntarse entre ellos. Mira, el amigo de un gilipollas acostumbra a ser otro gilipollas, y cuando un gilipollas se casa y tiene hijos, generalmente también le salen gilipollas.

WOMAN 5.– Seems like there's a whole plague of jerks out there.

WOMAN 1.– Yeah, but unfortunately no one has come up with a vaccine.

WOMAN 5, WOMAN 4, WOMAN 3, WOMAN 2.– Too bad!

WOMAN 1.– There are so many different strains of jerks, but what they all have in common is... that they're essentially and incurably jerks.

WOMAN 3.– And in the course of a lifetime, women seem destined to get involved with at least one jerk. It's inevitable, ya' know?

WOMAN 1.– And I'll tell you how to spot them.

WOMAN 5.– How?

WOMAN 1.– The ones who sigh: "Life is such a bummer! Nothing interesting ever happens to me!"

WOMAN 4.– Oh, yeah!

WOMAN 1.– Jerks must be avoided at all cost.

WOMAN 3.– And what about the hunks?

WOMAN 4.– Oh, wow! Forget them, too!

WOMAN 3.– They knock your socks off with their looks, but when they open their mouth, you gotta cross your legs to keep from peein' in your pants.

WOMAN 1.– They're all alike; no fun at all.

WOMAN 5.– And what about the intellectuals?

WOMAN 3, WOMAN 2, WOMAN 4.– U-g-g-g-g.

WOMAN 5.– The only way they can get it up is to read you their latest poem.

WOMAN 1.– All they want to do is talk: yack, yack, yack...

WOMAN 2.– And what about the sporty types?

WOMAN 4.– Oh, man, there are all kinds, all sizes, all shapes!

WOMAN 5.– And the worst ones walk around in sweats.

WOMAN 1.– That's cause they're hiding a potbelly!

WOMAN 3.– Yuck!

WOMAN 5.– Oh, all men end up with potbellies sooner or later, honey.

WOMAN 4.– And what about the yuppies?

WOMAN 3.– Who gives a hoot about yuppies anymore?

WOMAN 5.– Sorta like designers.

WOMAN 1.– Then there are the cashiers, delivery men, taxi drivers, meter readers...

WOMAN 2.– Firemen, mailmen, waiters, hawkers...

MUJER 5.– Es que son una plaga.

MUJER 1.– Sí, pero desgraciadamente todavía no se ha inventado ninguna vacuna contra la gilipollez.

MUJER 5, MUJER 4, MUJER 3 Y MUJER 2.– Lástima.

MUJER 1.– Hay muchos tipos de gilipollas, pero su esencia fundamental... es que son gilipollas.

MUJER 3.– Y a lo largo de tu vida, como mínimo siempre te encuentras a uno, es infalible, tú.

MUJER 1.– ¿Sabéis cómo se les reconoce?

MUJER 5.– ¿Cómo?

MUJER 1.– Porque siempre dicen: "¡Ay, qué vida más gilipollas la mía!".

MUJER 4.– Ay, sí.

MUJER 1.– Los gilipollas sí que hay que evitarlos.

MUJER 3.– ¿Y los modelos publicitarios?

MUJER 4.– ¡Huy, ésos!

MUJER 3.– Te impresionan cuando los ves, pero cuando abren la boca tienes que cruzarte de piernas para que no se te escape el pipí.

MUJER 1.– Y son todos iguales, no tienen ninguna gracia.

MUJER 5.– ¿Y los intelectuales?

MUJER 3, MUJER 2 Y MUJER 4.– ¡Uhhh!

MUJER 5.– Sólo se les pone tiesa si les dejas que te lean la última poesía que han escrito.

MUJER 1.– Y te meten cada rollo...

MUJER 2.– ¿Y los deportistas?

MUJER 4.– Hombre, los hay de muchos tipos.

MUJER 5.– Los peores son los del chándal.

MUJER 1.– Son los que tienen barriga.

MUJER 3.– Barriga, ¡qué asco!

MUJER 5.– Todos acaban teniéndola, cariño.

MUJER 4.– ¿Y qué me decís de los *yuppies*?

MUJER 3.– Ya están pasados de moda.

MUJER 5.– Como los diseñadores.

MUJER 1.– También están los cobradores, los mensajeros, los taxistas, los butaneros...

MUJER 2.–... los bomberos, los carteros, los camareros, los porreros...

WOMAN 4.– How about college professors?

WOMAN 1, WOMAN 2, WOMAN 3, WOMAN 5.– Oh-h-h-h!

WOMAN 3.– Just like you always run into at least one jerk in your lifetime, there's always that professor who wants to take you out to dinner...

WOMAN 5.– The math professor.

WOMAN 1.– The English professor.

WOMAN 4.– The driving school teacher.

WOMAN 2.– The guy who does the postmod novel...

WOMAN 3.– And how about those advisers? And the Yoga gurus...

WOMAN 5.– The coaches!

WOMAN 1.– Or any old teacher, for...

WOMAN 4.– Yeah, they can all be awful, but the real scum bags, the absolute bottom of the barrel, are the guys who think they're so important. I mean, the executives, the corporate bosses. And the professionals: architects, lawyers, judges...

WOMAN 3.– The politicians.

WOMAN 2, WOMAN 1, WOMAN 4, WOMAN 5.– O-h-h-h-h-h!

WOMAN 5.– And how about the doctors? And the dentists, cardiologists, osteopaths, chiropractors...

WOMAN 2.– Gynecologists...

WOMAN 5, WOMAN 4, WOMAN 3, WOMAN 1.– U-h-h-h-h-h!

WOMAN 2.– Masseurs...

WOMAN 5, WOMAN 4, WOMAN 3, WOMAN 1.– O-h-h-h-h-h-h!

WOMAN 3.– And what about the artsy types?

WOMAN 5, WOMAN 4, WOMAN 1, WOMAN 2.– Y-u-u-u-u-c-k!

WOMAN 3.– Painters, sculptors, musicians, orchestra conductors, movie producers...

WOMAN 1.– And theater directors...

WOMAN 3, WOMAN 5, WOMAN 4, WOMAN 2.– Oh, n-o-o-o-o-o!

WOMAN 3.– Actors, writers, editors...

WOMAN 5, WOMAN 4, WOMAN 1, WOMAN 2.– Union guys!

WOMAN 1.– And millions and millions more: bakers, guys at newsstands...

WOMAN 5.– Hair dressers...

WOMAN 4.– Pharmacists...

WOMAN 2.– Bankers...

WOMAN 3.– Cashiers...

WOMAN 1.– Doormen...

MUJER 4.– ¿Y los profesores?

MUJER 1, MUJER 2, MUJER 3 Y MUJER 5.– ¡Ohhh!

MUJER 3.– Así, como siempre te encuentras a un gilipollas en tu vida, siempre hay, al menos una vez en la vida, un profesor que te invita a cenar...

MUJER 5.– El de mates.

MUJER 1.– El de inglés.

MUJER 4.– El profesor de autoescuela.

MUJER 2.– El de narrativa española de la posguerra...

MUJER 3.– ¿Y los maestros? El maestro de yoga...

MUJER 5.–... el maestro de esgrima...

MUJER 1.–... el maestro del pueblo...

MUJER 4.– Ahora que, los peores, o de los peores, los de las profesiones liberales: arquitectos, administradores, abogados, jueces...

MUJER 3.–... ministros.

MUJER 2, MUJER 1, MUJER 4 Y MUJER 5.– ¡Ohhh!

MUJER 5.– ¿Y los médicos? Dentistas, naturistas, homeópatas, cardiólogos...

MUJER 2.–... ginecólogos...

MUJER 5, MUJER 4, MUJER 3 Y MUJER 1.– ¡Uhhh!

MUJER 2.–... masajistas...

MUJER 5, MUJER 4, MUJER 3 Y MUJER 1.– ¡Ohhh!

MUJER 3.– Y los artistas, ¿qué?

MUJER 5, MUJER 4, MUJER 1 Y MUJER 2.– ¡Eeeees!

MUJER 3.– Pintores, escultores, músicos, directores de orquesta, de cine...

MUJER 1.–... de teatro...

MUJER 3, MUJER 5, MUJER 4 Y MUJER 2.– ¡Ay, nooo!

MUJER 3.– Actores, escritores, editores...

MUJER 5, MUJER 4, MUJER 1 Y MUJER 2.– ¡SGAEEE!

MUJER 1.– Y millones y millones más: pasteleros, quiosqueros...

MUJER 5.–... peluqueros...

MUJER 4.–... farmacéuticos...

MUJER 2.–... banqueros...

MUJER 3.–... cajeros...

MUJER 1.–... porteros...

WOMAN 4.– Drive-through tellers...
WOMAN 5.– Intercom monitors...
WOMAN 2.– Butchers...
WOMAN 3.– Grocers...
WOMAN 4.– Burger flippers...
WOMAN 5.– Sausage makers...
WOMAN 1.– Illegal aliens...
WOMAN 2.– Petty thieves...
WOMAN 3.– Drug addicts...
WOMAN 5.– Ghosts...
WOMAN 4.– Vampires...
WOMAN 1.– Wolf men...
WOMAN 2.– Chicken men...
WOMAN 3.– Rooster men...
WOMAN 5.– Fly men...
WOMAN 2.– Ant men...
WOMAN 4.– Flea men...
WOMAN 1.– Amoebae men...
WOMAN 3.– Invisible men...
WOMAN 2.– Men-men...
WOMAN 5.– Men-men? Who are they?
WOMAN 2.– Oh, man! They're the flesh-and-blood guys we have to deal with every day. Men!

BLACKOUT